pot ブックス

子どもと作る壁面アイデア 12か月

チャイルド本社

もくじ
pot ブックス 子どもと作る 壁面アイデア 12か月

いろいろな技法で、もっと楽しく……4

4月 April

- さくらの丘でピクニック ……… 8
- ちょうちょうがやって来た！ ……… 10
- たんぽぽ野原で、すやすや ……… 11
- お友達とラララ ……… 12
- あま～いペロペロキャンディー ……… 13

5月 May

- 虹の向こうへピクニック ……… 14
- こいのぼりがた～くさん ……… 16
- お弁当いただきまーす！ ……… 17
- カラフル！恐竜の卵 ……… 18
- カーネーションのブーケ ……… 19

6月 June

- あした天気にな～れ！ ……… 20
- スイスイ金魚 ……… 22
- キラキラかたつむり ……… 23
- かえるの合唱会 ……… 24
- お気に入りの傘はどれ？ ……… 25

7月 July

- キラキラゆらりん流れ星 ……… 26
- あさがおが咲いたよ！ ……… 28
- UFOに乗って宇宙をご案内 ……… 29
- キラキラ海中散歩 ……… 30
- アイスクリーム、おいしいよ！ ……… 30

8月 August

- いらっしゃい！お面やさん ……… 32
- 迫力満点！花火大会 ……… 34
- ヨーヨー釣りに挑戦！ ……… 35
- みんなのおばけがヒュ～ドロロ～ ……… 36
- いるかに乗って波間をジャンプ！ ……… 37

9月 September

- どのぶどうもおいしそうだね ……… 38
- 夕焼けにキラキラとんぼ ……… 40
- 運動会はみんなが主役！ ……… 41
- すずむしのコーラス ……… 42
- カラフルきのこ ……… 43

10月 October

- ひらひらカラフル落ち葉 …………… 44
- みんなみのむし、大集合 …………… 46
- どんぐりダンシング♪ …………… 46
- 焼きたてのさんま、早く食べた〜い …… 48
- 自然物でいろいろな顔を作ったよ …… 49

11月 November

- フワフワみのむし …………… 50
- 紅葉を見に行こう …………… 52
- てぶくろやさんへいらっしゃい …………… 53
- 落ち葉のスタンプで展覧会 …………… 54
- 大きくなったね！七五三 …………… 55

12月 December

- 手形スタンプで作るツリー …………… 56
- ぼく・わたしのケーキ …………… 58
- カラフル メリークリスマス …………… 59
- サンタさんからのプレゼント …………… 60
- 作ろう！あったか手袋 …………… 61

1月 January

- 華やか扇でお正月 …………… 62
- 飾れるカラフルこま …………… 64
- 空高くあがれ！ …………… 65
- かるたで遊ぼう …………… 66
- 楽しいそり遊び …………… 67

2月 February

- う〜ん いいにおい！クッキー焼けたかな …………… 68
- おにのパンツはとってもカラフル！ …… 70
- 雪だるまコレクション …………… 71
- おにが島のわんぱく仲間 …………… 72
- みんなで咲かそう、梅の花 …………… 73

3月 March

- みんなで楽しいひな祭り …………… 74
- さあ、輝く未来へ GO！ …………… 76
- 夢いっぱいのお花畑 …………… 77
- ぼく、わたしのトラック …………… 78
- みんなの花が咲いたよ …………… 79
- みんなの想い出いっぱい！ …………… 80

型紙 …………… 81

いろいろな技法で、もっと楽しく

壁面を作るとき、いろいろな技法を使うと、
描いたものとは違った表現を楽しむことができます。
ここでは、子どもたちにも楽しめる技法と、
取り組む際の注意点について紹介します。
子どもたちといっしょに楽しんでみてください。

お話・くまがいゆか（造形作家）

★は、この技法を使った本書掲載の作品です。

スタンピング（型押し絵） 2歳くらいから

野菜など身近なものに絵の具をつけ、はんこのように押す。
手型スタンプも含まれる。

p.10 ちょうちょうがやって来た！
p.35 ヨーヨー釣りに挑戦！
p.38 どのぶどうもおいしそうだね
p.54 落ち葉のスタンプで展覧会
p.56 手形スタンプで作るツリー
p.73 みんなで咲かそう、梅の花

絵の具が手につきやすいので、
・できるだけ少人数で取り組む
・アシスタントをつける
などのくふうをしましょう。

アドバイス

野菜などかたいものをスタンプするときは…

タオル　裏にタオルを敷きましょう。

絵の具をはじいてしまってスタンプできないときは…

溶き絵の具　石けん液

台所用の洗剤を入れて、石けん絵の具にしましょう。

バチック（はじき絵） 3歳くらいから

画用紙にクレヨンなど油性のもので描き、その上から絵の具で
塗ると、クレヨンが絵の具をはじき、浮き出る。

p.25 お気に入りの傘はどれ？
p.70 おにのパンツはとってもカラフル！

アドバイス

クレヨンでしっかり描かないと浮き出てこないので、
筆圧が強くなってから取り組むようにしましょう。クレ
ヨンの代わりにろうを塗ってもきれいにできます。

コラージュ（貼り絵） 3歳くらいから

紙、布などを思い思いに切ったりちぎったりして、貼り付けていく。ちぎり絵もコラージュの一種。

p.8　さくらの丘でピクニック
p.13　あま～いペロペロキャンディー
p.38　どのぶどうもおいしそうだね
p.43　カラフルきのこ

アドバイス

ちぎるには指の力が必要なので、3歳くらいの子どもにはまだ難しいかもしれません。貼るだけなら大丈夫なので、事前に保育者がちぎっておくのも一案です。

にじみ絵 3歳くらいから

水性ペンで描画や色塗りをした上に水を垂らして、ペンのインクをにじませる。

画用紙以外に、障子紙やコーヒーフィルターを使っても楽しめます。

紙の種類によってはにじまないものもあるので、事前に確認しておきましょう。

デカルコマニー（移し絵） 4歳くらいから

2つ折りした画用紙の片面だけに絵の具を置き、重ね合わせて開くと、左右対称の模様ができあがる。

アドバイス

画用紙を事前にちょうちょうの形などに切っておき、それをデカルコマニーすると、楽しいちょうちょうができます。

スクラッチ（ひっかき絵）

画用紙にパス類で塗り重ねたり塗り分けたりした上から黒などの暗色を塗り、竹串などのとがったもので引っかいて削り、出てきた色の対比を楽しむ。

＊体験することを楽しむなら4歳でも。作ったものを作品として楽しむなら5歳くらいから。

アドバイス
みっちり塗り込まなければならないので、紙はできるだけ小さくして、塗ることに集中できるようにしましょう。

染め紙

折り畳んだ紙を色の付いた水に付け、開いてできた模様を楽しむ。

★ p.22 スイスイ金魚

アドバイス

どんな模様ができるか開くまでわかりません。意外性を楽しみましょう。

ポイント ① リハーサルが大事！

使う材料によって、うまくいったり、全然できなかったりします。紙、絵の具、クレヨンなどは、実際に保育の際に使用するものと同じ材料で、事前にテストしておきましょう。

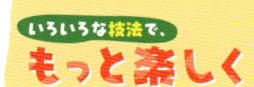

吹き絵・流し絵　5歳くらいから

p.35 ヨーヨー釣りに挑戦！

紙に絵の具をたらし、紙を斜めにしたり、ストローなどで
強く息を吹きかけて広げたり、伸ばしたりして楽しむ。

＊絵の具は水分を多めにすると、流れやすくなります。

＊大きい紙だと吹くのが大変なので、できるだけ小さい紙を用意するようにしましょう。

アドバイス

息を吹きかけすぎるとめまいがすることもありますので、注意しましょう。

つい夢中になって周囲を汚してしまうこともあります。箱の中に入れてやると防げます。

フロッタージュ（こすり出し）　5歳くらいから

表面が凸凹したものに紙を載せ、
色鉛筆などの画材をこすりつけて写し取る技法。

アドバイス

4歳児くらいだと、まだ難しいです。親子参観などで大人といっしょにやると楽しめます。

ポイント 2
おもしろさを楽しみましょう！

技法は偶然性に頼って行う製作で、
思いがけない色や形を楽しむことに、そのよさがあります。
「どんなものができるかな？」というおおらかな気持ちで
取り組みましょう。
また、1つ1つの技法のおもしろさや効果を子どもが十分に
感じられるように、1つの製作にいくつもの技法を
盛り込まないようにしましょう。

4月
April

 折り紙や和紙で

さくらの丘でピクニック

型紙 p81

さくらの木の下で食べるお弁当は、
きっといつもよりおいしいね。

案・製作●たちのけいこ

色画用紙、画用紙、和紙、
折り紙、キラキラした折り紙、
千代紙、包装紙、毛糸

子どもの作品

さくらは、ちぎった折り紙や和紙など、
質感の違う素材を自由に貼って作ります。

いろんなピンクが
あってきれい！

片段ボールやフェルトで
ちょうちょうがやって来た！

色とりどりのちょうちょうが大集合！
春を感じさせる壁面です。

案・製作●あかまあきこ

材料
色画用紙、画用紙、モール、
片段ボール、フェルト、輪ゴム、
発泡スチロール板（台紙用）

型紙 P82

子どもの作品

ちょうちょうの模様は、片段ボールとフェルトでスタンプ。色選びや模様に、子どもの個性が出ます。

作り方

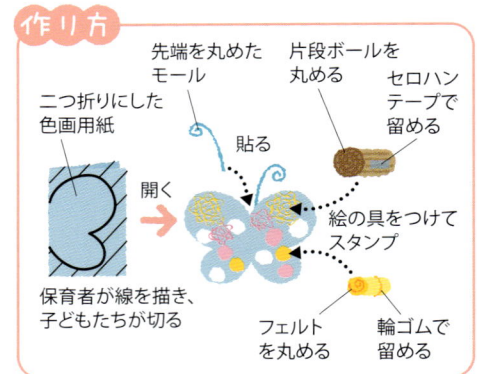

- 二つ折りにした色画用紙
- 先端を丸めたモール
- 片段ボールを丸める
- セロハンテープで留める
- 貼る
- 開く
- 保育者が線を描き、子どもたちが切る
- 絵の具をつけてスタンプ
- フェルトを丸める
- 輪ゴムで留める

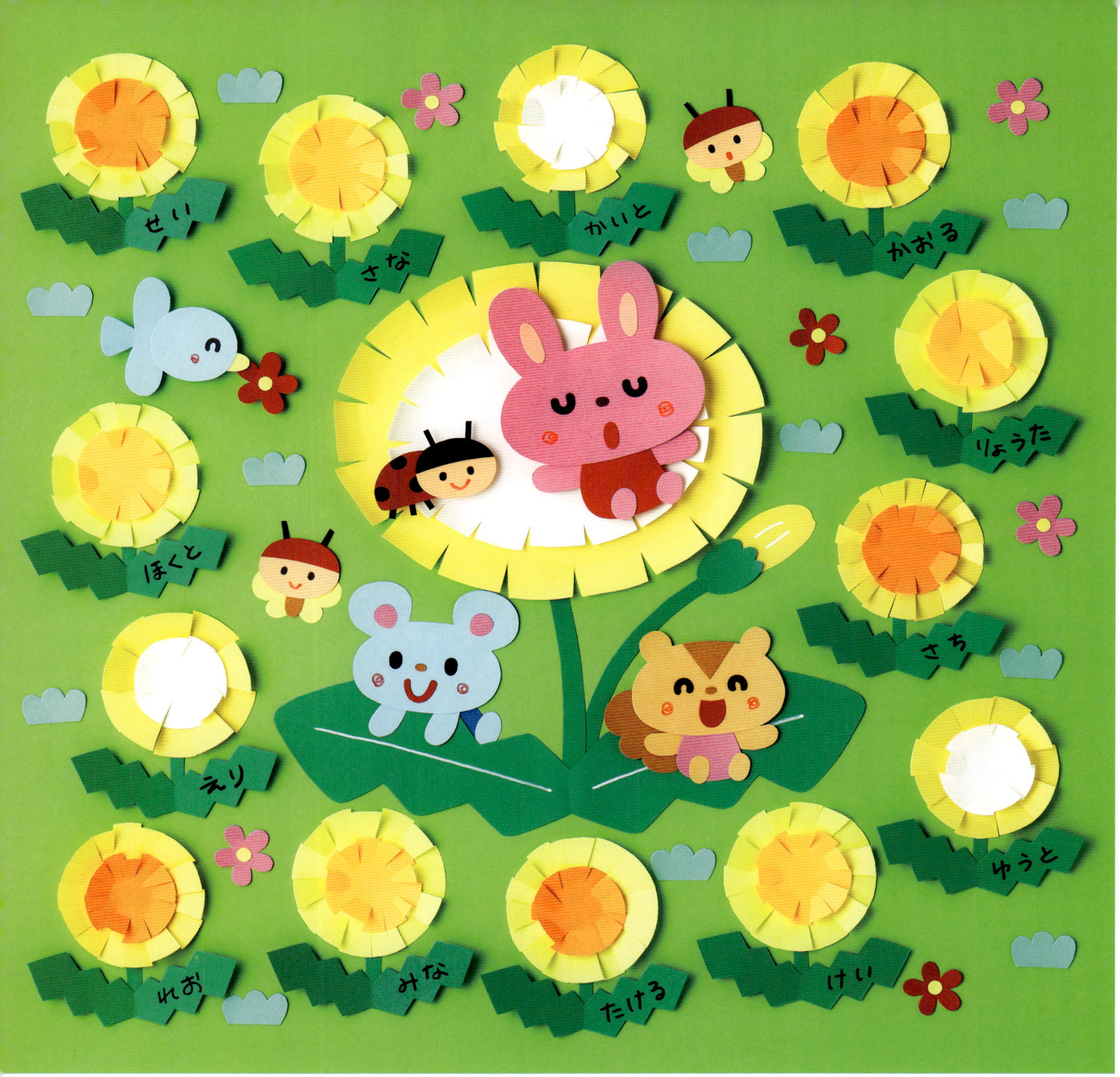

色画用紙で

たんぽぽ野原で、すやすや

型紙 P83

子どもたちの作ったたんぽぽがいっぱい！
あれれ、うさぎさんたらお昼寝しちゃったよ。

案・製作●まーぶる

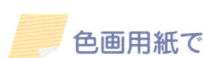

材料

色画用紙、画用紙、
発泡スチロール板（台紙用）

子どもの作品

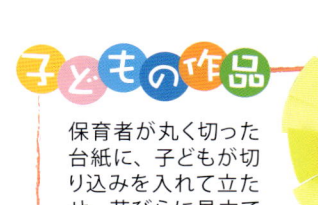

保育者が丸く切った台紙に、子どもが切り込みを入れて立たせ、花びらに見立てます。

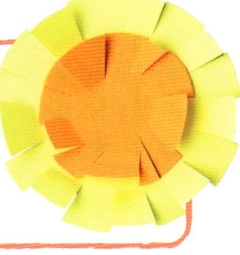

■ 色画用紙や折り紙で
お友達とラララ

それぞれが描いた自画像を集めて
「○○ぐみのおとともだち」とすると、
新しいクラスのみんなに親しみを感じます。
毛糸の五線の上に載せれば、うたいたくなるような
楽しい雰囲気に。

案・製作●礒みゆき

布、毛糸、色画用紙、画用紙、折り紙

型紙 P81

子どもの作品
自画像の周りにクレヨンや折り紙で模様をつけてフレームに。

■ 色画用紙や折り紙で
あま〜いペロペロキャンディー

うさぎのキャンディー屋さんがやって来たよ！
どれにするか迷っちゃう。

案・製作●まーぶる

型紙
P82

材料
色画用紙、ストロー、折り紙、毛糸、
発泡スチロール板（台紙用）

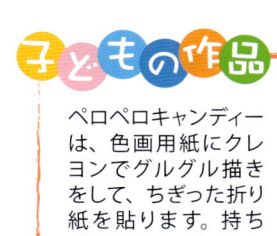

子どもの作品

ペロペロキャンディーは、色画用紙にクレヨンでグルグル描きをして、ちぎった折り紙を貼ります。持ち手はストローで。

5月 May

ゼリーカップで
虹の向こうへピクニック

型紙 P83

好きな色の気球に乗って、ピクニックに行こう！
大きな虹もきれいだね。

案・製作●いしかわ☆まりこ

材料
ゼリーカップ、スズランテープ、たこ糸、色画用紙、画用紙、段ボール板（虹）、キラキラしたテープ、シールなど

子どもの作品

ゼリーカップにスズランテープを詰めて、同系色の色画用紙でふたをします。たこ糸で、かごの形に切った色画用紙をつなげ、自画像を描いて気球に乗せてあげましょう。

ポイント！
ゼリーカップが、立体感のある気球にぴったりです。

カップのふちにのりを付けて……

わわわ！ 押さえていないとテープが飛び出してくる〜

5月

15

障子紙で
こいのぼりがた〜くさん

色水で泳いだ小さいこいのぼりたち。
カラフルに生まれ変わって
巨大なこいのぼりの上に集まります。

案・製作●大石早苗

材料
障子紙、色画用紙または模造紙

子どもの作品

半分に折って二重にした障子紙に、クレヨンで自由に絵を描き、色水に入れて色をつけましょう。絞って乾かしたら、小さなミニこいのぼりのできあがり！

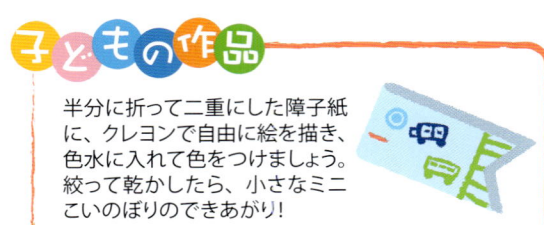

作り方

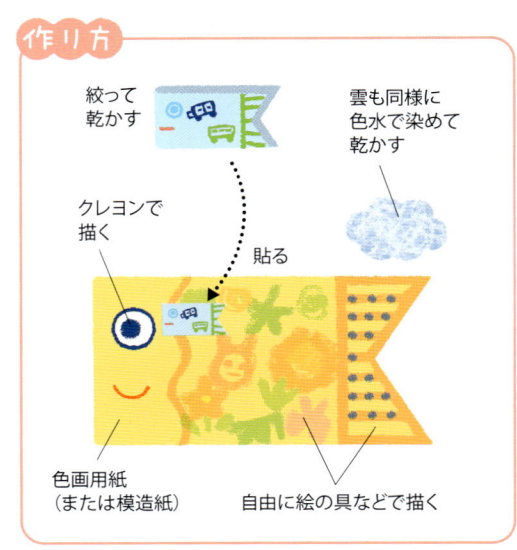

絞って乾かす

雲も同様に色水で染めて乾かす

クレヨンで描く

貼る

色画用紙（または模造紙）

自由に絵の具などで描く

16

色画用紙や折り紙で
お弁当いただきまーす！

グループごとにメニューをくふうして、お弁当を作ってみましょう。

案・製作●まーぶる

型紙 P84

材料
色画用紙、画用紙、折り紙、茶封筒、お花紙、お弁当用カップ

子どもの作品

- 折り紙の縁を裏側へ折る
- 色画用紙を巻いてお花紙を詰める
- 正方形の画用紙を三角に四つ折りして、お花紙などを挟む
- 茶封筒で作った衣に色画用紙の尾を貼る
- 色画用紙を巻く
- 色画用紙を巻いて切り込みを入れる
- 折り紙を丸める
- 色画用紙を巻く
- 画用紙を輪にしてお花紙で包む
- 丸めたお花紙を画用紙に貼る
- お花紙を丸める
- お花紙に、細かく切った色画用紙を貼る
- 茶封筒で作った衣に画用紙の骨を貼る

□ 発泡トレーで
カラフル！ 恐竜の卵

型紙 P84

恐竜の卵は、どんな模様？ 黄色かな？ それともしましま？
ワクワクドキドキ、子どもたちの想像が広がる壁面です。

案・製作●尾田芳子

材料
色画用紙、画用紙、発泡トレー、
発泡スチロール板（台紙用）

子どもの作品

恐竜の卵は、保育者
があらかじめ切って
おいた卵形の発泡トレーに、子どもたち
がクレヨンで自由に
模様を描きます。

お花紙や包装紙で
カーネーションのブーケ

型紙 P85

大きなカーネーションの花束が華やかな壁面です。

案・製作 ● ピンクパールプランニング

材料
色画用紙、不織布、リボン、厚紙、包装紙、お花紙、折り紙

子どもの作品

あらかじめ切っておいたお花紙や包装紙、折り紙を自由に重ねて、色の組み合わせを楽しみましょう。

作り方

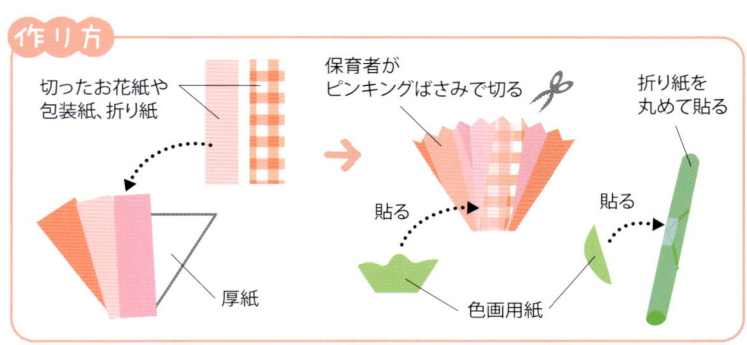

切ったお花紙や包装紙、折り紙 → 厚紙 → 保育者がピンキングばさみで切る → 貼る → 色画用紙 → 折り紙を丸めて貼る → 貼る

6月 June

型紙 P85

空き箱で

あした天気にな～れ！

さまざまな形のてるてる坊主がずらり。
雨の日の保育室をにぎやかにしてくれそうです。

案・製作●尾田芳子

材料

空き箱、色画用紙、画用紙、ティッシュペーパー、スズランテープ、アルミホイル、発泡スチロール板（台紙用）

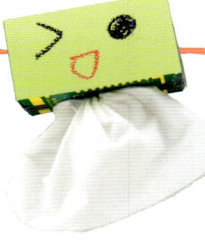

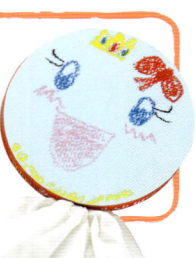

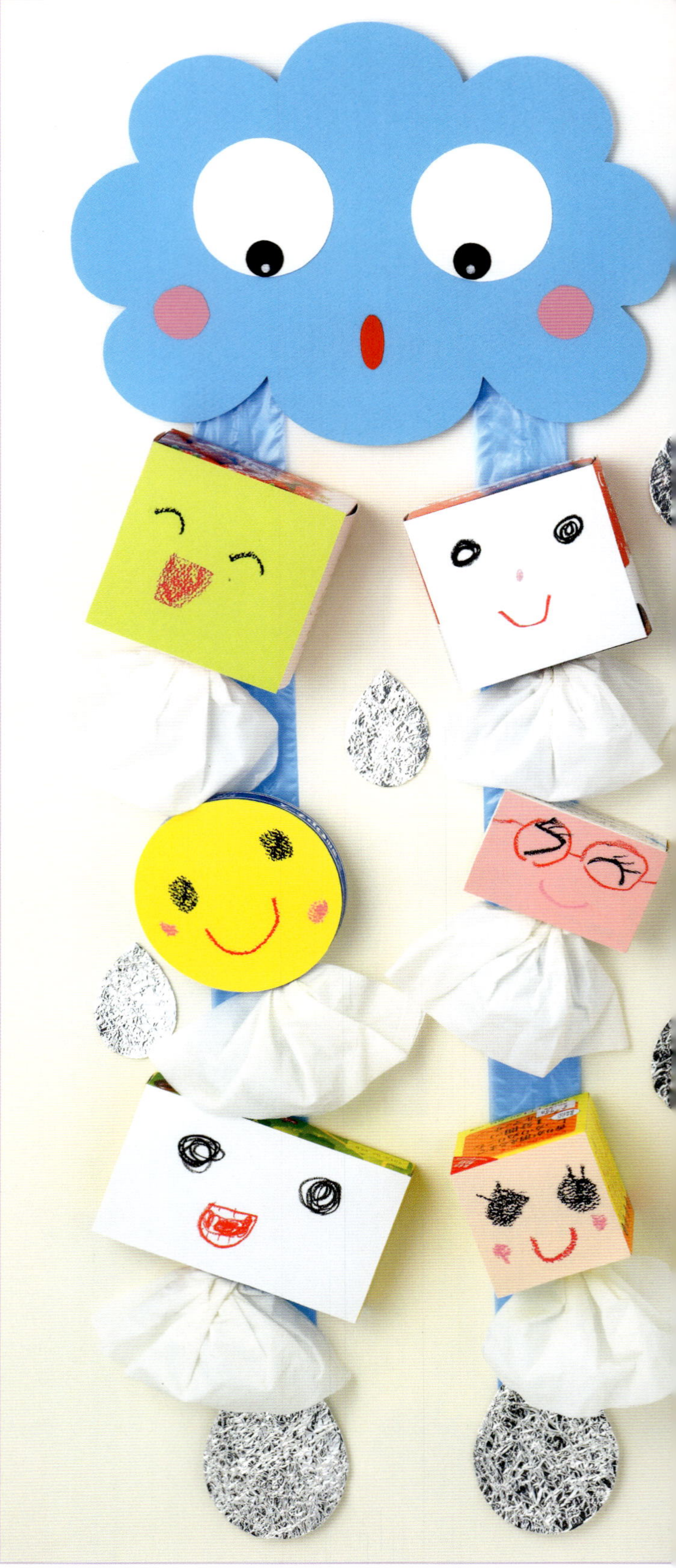

子どもの作品

空き箱の形に合わせて切った色画用紙に顔を描いて貼り、ティッシュペーパーで作った体を付けます。

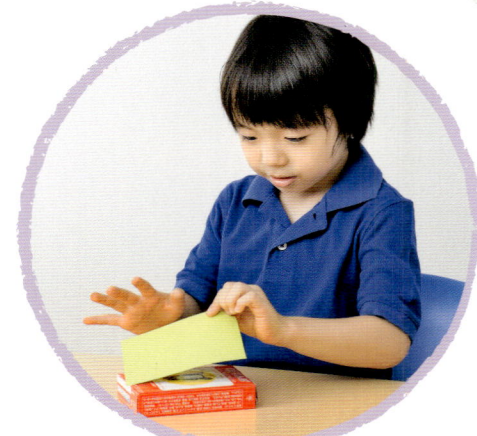

貼ってから
顔を描こうっと

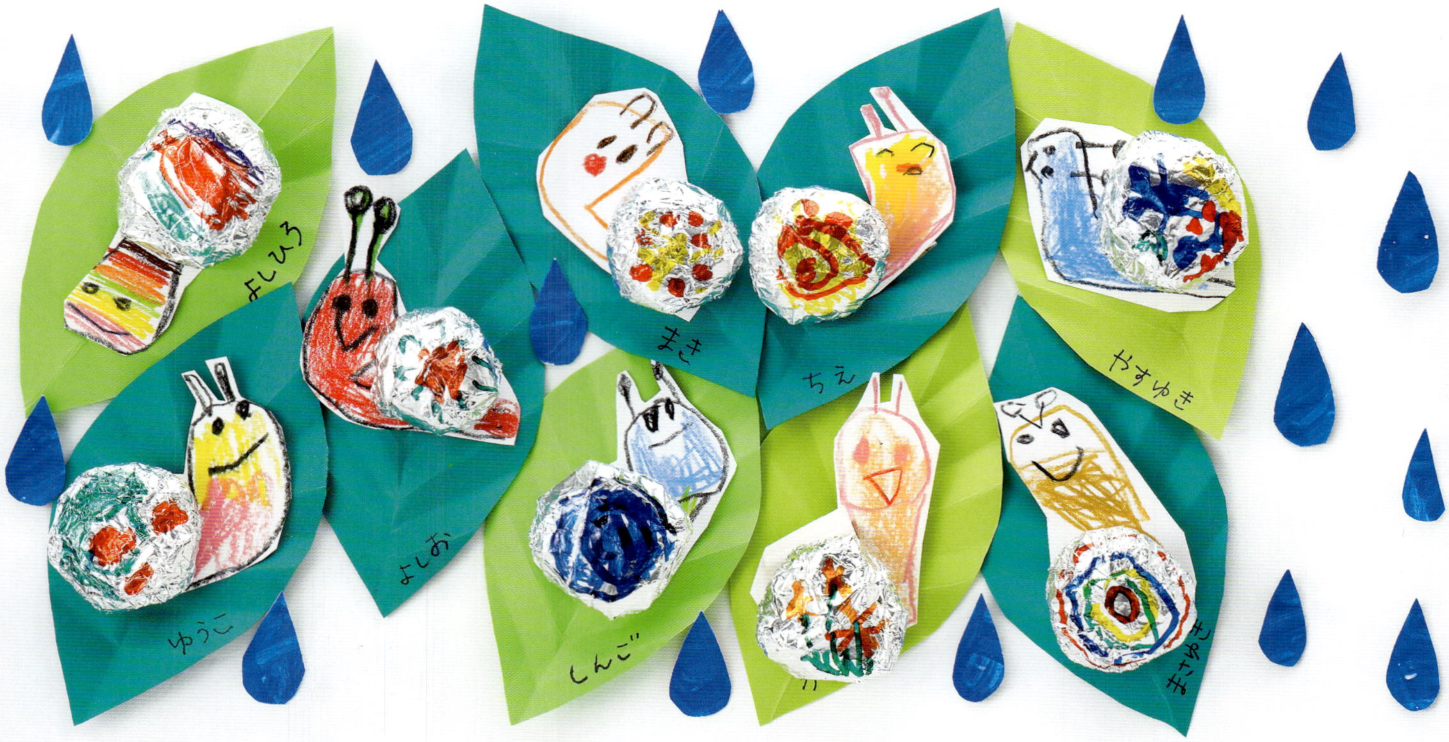

半紙で

スイスイ金魚

型紙 P86

大きな金魚鉢でたくさんの金魚が優雅に泳いでいます。金魚は染め紙で作ります。

案・製作●ピンクパールプランニング

材料

半紙、色画用紙

子どもの作品

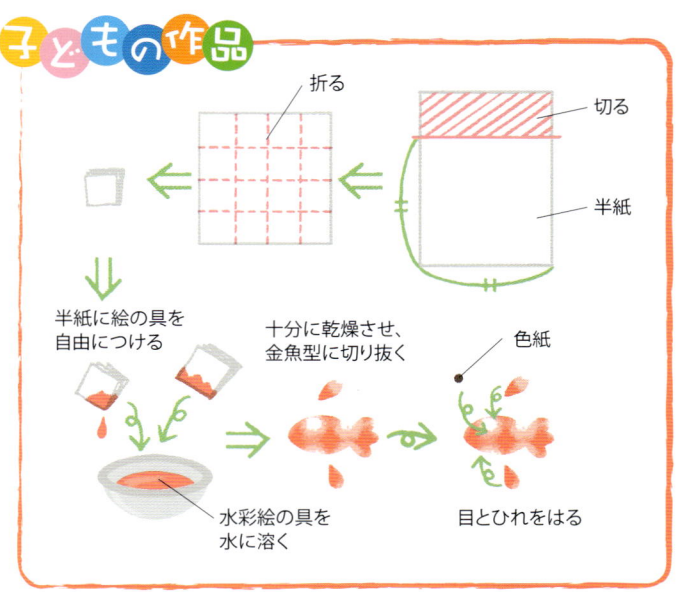

アルミホイルで
キラキラかたつむり

おしゃれ自慢のかたつむりさんが大集合！

案・製作●俵 裕子

型紙 P86

材料
色画用紙、画用紙、アルミホイル、コピー用紙など

子どもの作品

丸めたコピー用紙などをアルミホイルで包み、油性ペンで模様を描いて殻を作ります。それを画用紙に貼り、クレヨンで体を描いて周りを切り取ります。

 封筒で
かえるの合唱会

「♪ケロケロ ケロケロ」かえるの大合唱です。
簡単なので小さな子から取り組めます。
案・製作●よしだみほこ

材料
色画用紙、封筒、丸シール（黒と白）、モール

 子どもの作品

封筒をかえるの形に切ったものと手足のパーツは、保育者が用意。子どもは、顔を描いたり、丸シールを貼ったりして仕上げます。

 型紙 P85

画用紙で

お気に入りの傘はどれ？

個性的でおしゃれな傘が勢ぞろい。
さあ、どの傘にしようかな。

案・製作●町田里美

型紙
P86

子どもの作品

画用紙にクレヨンで描いたあと、絵の具を塗ってはじき絵に。柄はモールを貼って作ります。

材料

色画用紙、画用紙、スズランテープ、モール、糸、段ボール板（台紙用）

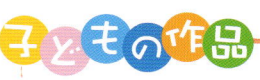

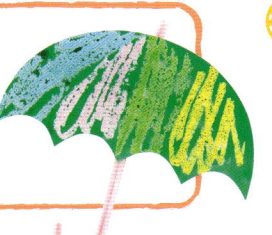

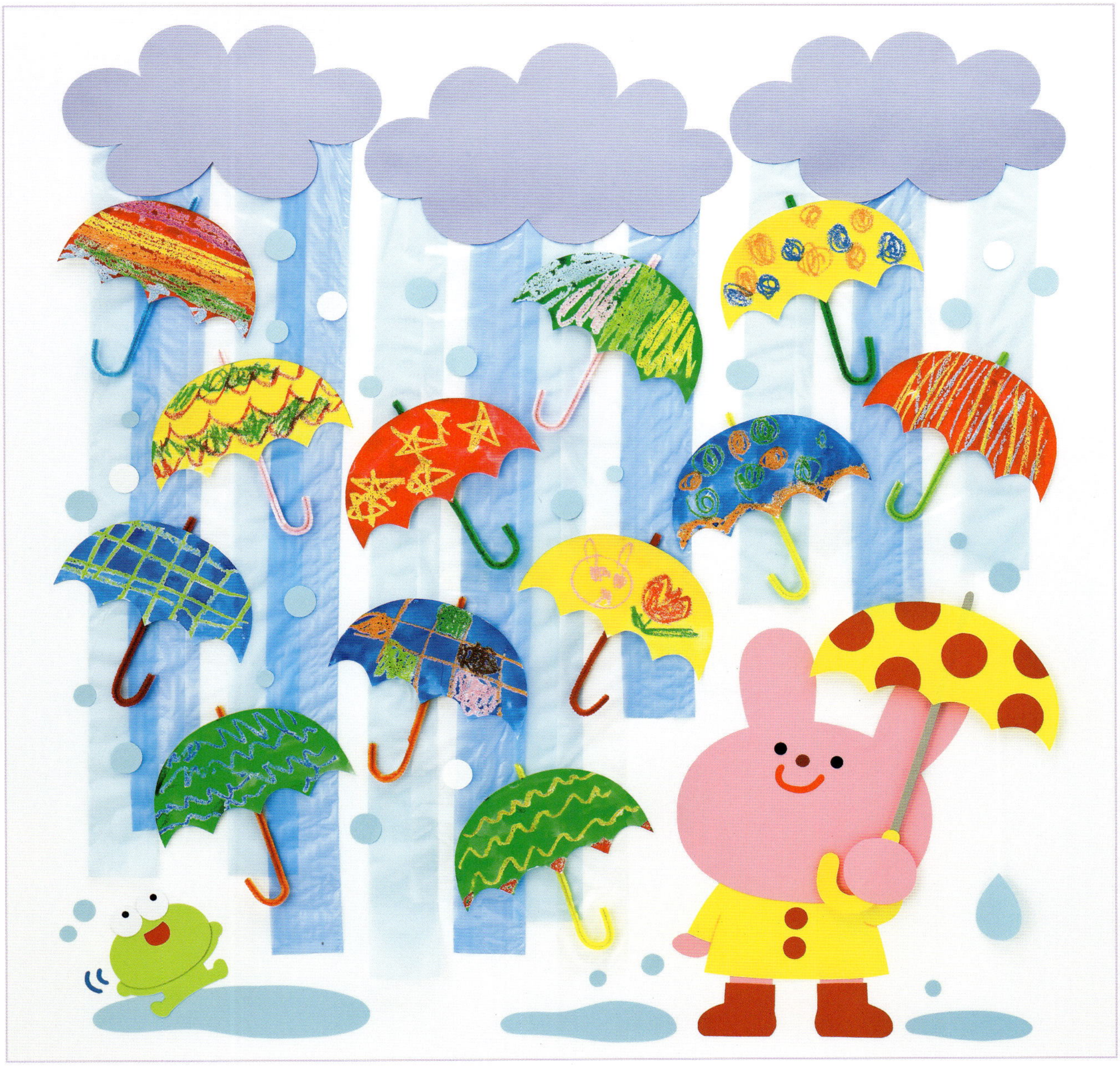

7月 July

工作用紙や折り紙で
キラキラゆらりん流れ星

型紙 P86

キラキラと輝く流れ星が、天の川の上を滑っていきます。
ぼくの星、わたしの星はどれかな？
金銀のカラー工作用紙やホイル折り紙で、華やかに作りましょう。

案・製作●ピンクパールプランニング

材料
金銀のカラー工作用紙、
ホイル折り紙、
色画用紙、画用紙

子どもの作品

星形に切った金銀のカラー工作用紙に、ホイル折り紙を切ったり丸めたりして貼ります。裏に色画用紙の帯を付けて、ゆらゆら揺れるようにしましょう。

私は金色の星…

できた！

色画用紙で
あさがおが咲いたよ！

マーブル模様のあさがおが鮮やかに咲きました。
たくさんの色を大胆に混ぜて作りましょう。

案・製作●まーぶる

材料
色画用紙、モール、片段ボール

型紙 P87

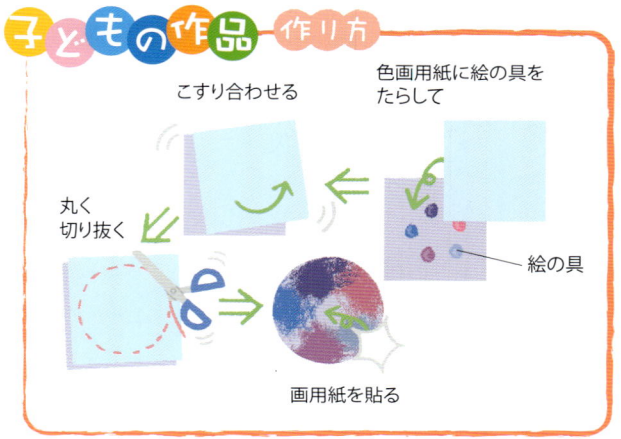

子どもの作品 作り方
- こすり合わせる
- 色画用紙に絵の具をたらして
- 丸く切り抜く
- 画用紙を貼る
- 絵の具

アルミホイルで
UFOに乗って宇宙をご案内

銀河に飛び出したスペースシャトル。
UFOに乗った子どもたちが宇宙を案内します！

型紙P88

案・製作●尾田芳子

材料
色画用紙、画用紙、厚紙、アルミホイル、
モール、発泡スチロール板（台紙用）

子どもの作品

厚紙で作ったUFOの型を、アルミホイルで包みます。自画像を描いて窓にし、模様を描いたり、飾りを付けたりします。

折り紙やスパンコール、ビーズで
キラキラ海中散歩

型紙 P89

海の中を散歩していたら、キラッと光る魚たちに出会いました。みんな楽しそうに泳いでいるね。

案・製作●ピンクパールプランニング

ポイント！
裏に色画用紙の帯を付けて、ゆらゆら揺れるように飾ると、泳いでいるみたい！

材料
色画用紙、画用紙、キラキラした折り紙、スパンコール、ビーズ、厚紙

子どもの作品

3種類の魚形の厚紙に、キラキラ光る折り紙やスパンコール、ビーズなどを貼り、飾っていきます。

お花紙で
アイスクリーム、おいしいよ！

今年の夏もペンギンのアイスやさんが開店！いらっしゃいませ〜。

案・製作●ピンクパールプランニング

材料
ビニール袋、お花紙、シール折り紙、丸シール、色画用紙、画用紙、エアーパッキング、模造紙

作り方

＜アイスクリーム＞
- 丸めたお花紙を入れる
- ビニール袋
- 角を折ってセロハンテープで留める
- 円すいにした色画用紙
- 木工用接着剤を付けておく
- シール折り紙や丸シールを貼る
- 描く

＜氷山＞
- 段で折り目を付けながら覆う
- 両面テープ
- 高さの違うエアーパッキングを重ねて段にする
- 大きく切った模造紙
- 紙の端を裏に折り込む
- 十字に切り込みを入れる

型紙
P87

子どもの作品

お花紙は好きな色を組み合わせて。氷山を立体的にして、立てて飾りましょう。

8月 August

おめんやさん

うさぎの耳、じょうずに貼れそう！

色画用紙や画用紙で
いらっしゃい！お面やさん

型紙
P88

かわいい動物やヒーロー、お姫様。
個性豊かなお面が並びます。

案・製作●あかまあきこ

材料
色画用紙、画用紙、
発泡スチロール板（台紙用）

子どもの作品

目の部分を丸く切り取った色画用紙は、保育者が用意しておきます。子どもは、自由に顔を描いたり、耳や冠などを貼ったりして、オリジナルのお面を作ります。

今度はうさぎの耳を描くの

ぼくはパンダの口を描くよ

紙コップで 迫力満点！花火大会

型紙 P89

紙コップを開いて花火を作りましょう。
子どもたちの花火が夏の夜空を華やかに彩ります。

案・製作●あかまあきこ

材料
紙コップ、キラキラした折り紙、
色画用紙

作り方
紙コップの底側を1cmほど残して、ランダムに切り込みを入れる

絵の具で色を塗る

キラキラした折り紙を切って貼る

子どもの作品

子どもたちが大好きなキラキラした折り紙を自由に貼って作ります。紙コップからはみ出すくらい貼ると、華やかで迫力のある作品に。

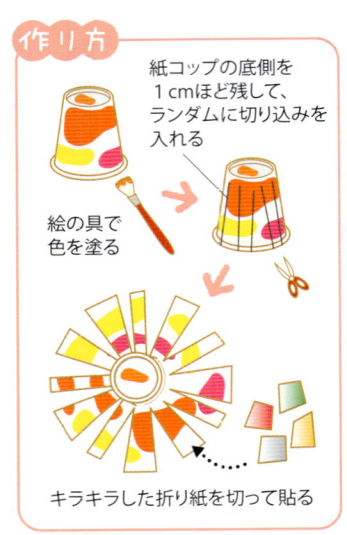

エアーパッキングやストローで
ヨーヨー釣りに挑戦！

型紙 P90

縁日には外せないヨーヨー。
技法を楽しみながら鮮やかな色をつけて、
お気に入りのヨーヨーを作りましょう。

案・製作●まーぶる

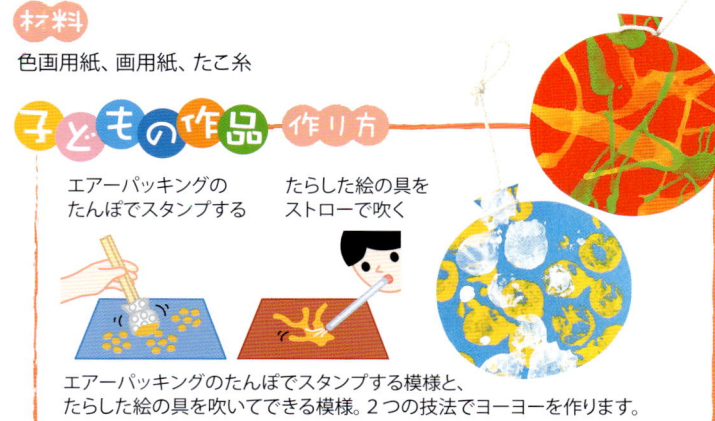

材料
色画用紙、画用紙、たこ糸

子どもの作品 作り方

エアーパッキングの
たんぽでスタンプする

たらした絵の具を
ストローで吹く

エアーパッキングのたんぽでスタンプする模様と、
たらした絵の具を吹いてできる模様。2つの技法でヨーヨーを作ります。

🩹 乳酸菌飲料の空き容器で
みんなのおばけがヒュ～ドロロ～

型紙
P90

子どもたちが作ったかわいいおばけ。
飾り方のくふうでユラユラと揺れて、雰囲気たっぷりに！
案・製作●あかまあきこ

材料
乳酸菌飲料の空き容器、色画用紙、レジ袋、
トイレットペーパーのしん、画用紙、スズランテープ

子どもの作品
乳酸菌飲料の空き容器にレジ袋を入れて余分な部分を切ります。舌と手は色画用紙を貼り、目は油性ペンで描きます。

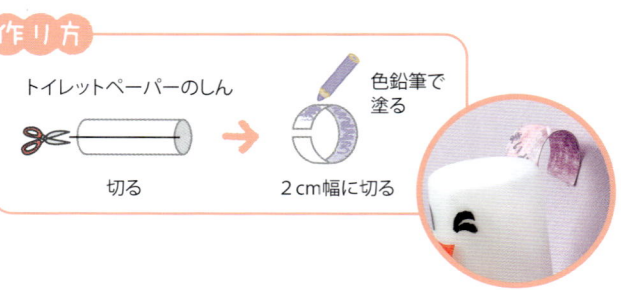

作り方
トイレットペーパーのしん
切る → 2cm幅に切る
色鉛筆で塗る

ポイント！
柳の枝は、スズランテープを三つ編みにします。なん本か浮かせると、立体的になります。

色画用紙で
いるかに乗って波間をジャンプ！

しぶきが飛んできそうなダイナミックな壁面です。
子どもが描いた自画像を背中に乗せて、軽やかにいるかがジャンプ。
黄色の背景で元気な気分になります。

案・製作●礒みゆき

材料
色画用紙、厚紙、折り紙

ポイント！
くしゃくしゃにしてから破った色画用紙を、段差をつけて重ねて貼り、波の勢いを演出。丸めてしわをつけ、丸く切った折り紙で、水しぶきを表現しました。

9月 September

ペットボトルの蓋とお花紙で
どのぶどうも おいしそうだね

みんなのぶどうが、たわわに実りました。

案・製作●ユカリンゴ

型紙 P91

たっぷり のりを付けると いいみたい

材料
色画用紙、画用紙、片段ボール、モール、麻ひも、厚紙、ペットボトルの蓋、お花紙

子どもの作品
ペットボトルの蓋を厚紙に貼り、お花紙を丸めて、蓋に詰めて貼ります。

作り方
- 厚紙
- ペットボトルの蓋の中に貼る
- ペットボトルの蓋を貼る

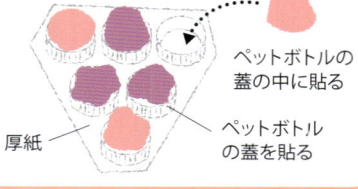

素材を変えていろいろなぶどうのできあがり

綿ロープスタンプでペタペタ

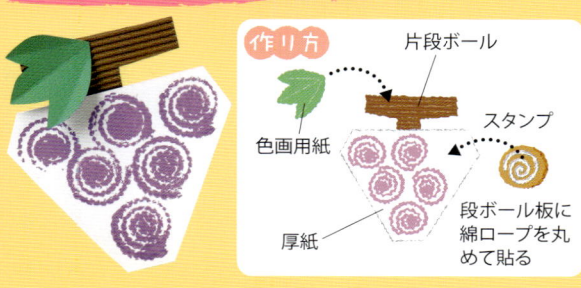

作り方
- 色画用紙
- 厚紙
- 片段ボール
- スタンプ
- 段ボール板に綿ロープを丸めて貼る

| 4月 | 5月 | 6月 | 7月 | 8月 | **9月** | 10月 | 11月 | 12月 | 1月 | 2月 | 3月 |

折り紙や千代紙をちぎって貼って

作り方

- 縦半分に切る → 紙コップ
- 穴を開けてモールを通す → モール
- 色画用紙
- 貼る ← 折り紙や千代紙をちぎって貼る

丸めた片段ボールを貼って

作り方

- 貼る → 色画用紙
- 片段ボールを丸める
- 貼る → 段ボール板

39

アルミホイルで
夕焼けにキラキラとんぼ

迫力ある夕焼け空に、
キラキラした羽の美しさが映えます。

案・製作●礒みゆき

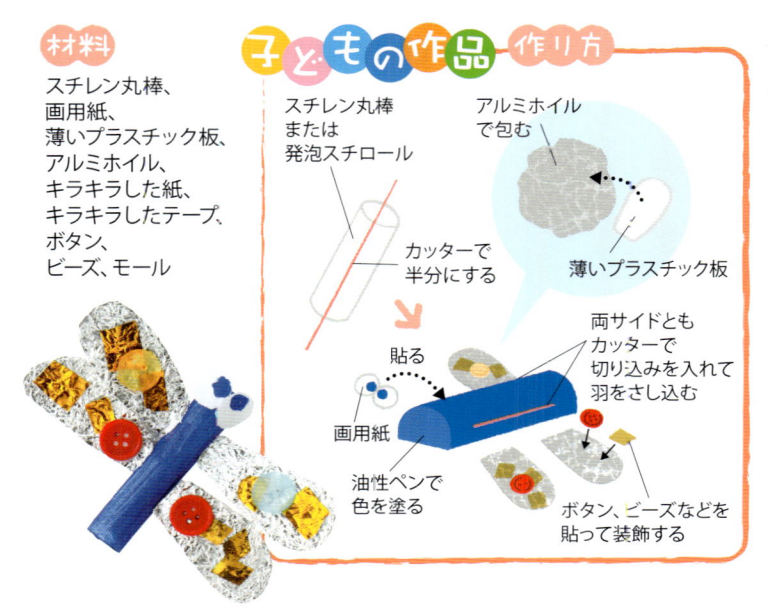

材料
スチレン丸棒、
画用紙、
薄いプラスチック板、
アルミホイル、
キラキラした紙、
キラキラしたテープ、
ボタン、
ビーズ、モール

子どもの作品　作り方

- スチレン丸棒または発泡スチロール
- カッターで半分にする
- アルミホイルで包む
- 薄いプラスチック板
- 貼る
- 画用紙
- 油性ペンで色を塗る
- 両サイドともカッターで切り込みを入れて羽をさし込む
- ボタン、ビーズなどを貼って装飾する

40

色画用紙で
運動会はみんなが主役!

型紙 P91

お遊戯、玉入れ、かけっこ…、
子どもたちが活躍したシーンがよみがえってきます。

案・製作●大石早苗

材料
色画用紙、画用紙、お花紙、たこ糸

子どもの作品

色画用紙に運動会の思い出を自由に描きます。お遊戯や応援の場面は、お花紙などで作ったポンポンを貼っても。

4月
5月
6月
7月
8月
9月
10月
11月
12月
1月
2月
3月

41

コーヒーフィルターで
すずむしのコーラス

型紙 P92

にじみを生かした羽には、子どもたちの個性が光ります。
クリップで草に止まっているように設置。
触れると鈴がリンと鳴ります。

案・製作●まーぶる

材料
色画用紙、無漂白のコーヒーフィルター、モール、
ひも、鈴、木製のクリップ

子どもの作品 作り方

水性ペンで描いてから水を付けた筆でにじませる

無漂白のコーヒーフィルター

木製クリップ
色画用紙
モール
色画用紙

切り込みを入れる

顔の裏から鈴を貼る

貼る　下の部分を重ねる　貼る

折り紙や包装紙で
カラフルきのこ

型紙 P92

楽しげなきのこがい〜っぱい！
こんな模様のきのこがあったら、楽しいですね。

案・製作●たちのけいこ

材料
色画用紙、折り紙、キラキラした折り紙、包装紙

子どもの作品

保育者が色画用紙をきのこの形に切っておきます。子どもたちは、折り紙や包装紙などを切ったりちぎったりして貼ります。

10月 October

クラフト紙で
ひらひらカラフル落ち葉

美しく色づいた葉が、秋風に吹かれて
空を舞います。絵の具を塗り重ねることで、
1枚ごとに違う表情になります。

案・製作●まーぶる

材料
クラフト紙、色画用紙

型紙 P93

細かいから
ゆっくり切らないとね

子どもの作品 作り方

しわしわにしたクラフト紙に、ローラーで絵の具をなん色も塗り重ねます。乾かしたら、はさみやピンキングばさみで葉の形に切りましょう。

4月
5月
6月
7月
8月
9月
10月
11月
12月
1月
2月
3月

まつぼっくりで
みんなみのむし、大集合

ぼくの顔、わたしの顔を描いた、
みんなのみのむしが集合しました。
自然の実に親しみながら
装飾を楽しみます。

案・製作●ピンクパールプランニング

材料
色画用紙、まつぼっくり、折り紙、毛糸

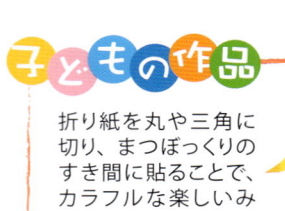

型紙 P93

子どもの作品
折り紙を丸や三角に切り、まつぼっくりのすき間に貼ることで、カラフルな楽しいみのむしに。

トイレットペーパーのしんで
どんぐりダンシング♪

大好きなダンスで、みんなニコニコ。
踊るって楽しいね♪

案・製作●俵 裕子

型紙 P93

材料
色画用紙、折り紙、新聞紙、
トイレットペーパーの芯、モール、クラフト紙

子どもの作品

丸めた新聞紙を折り紙で包み、トイレットペーパーの芯の殻斗に入れます。モールの手足を付けて、元気に!

作り方

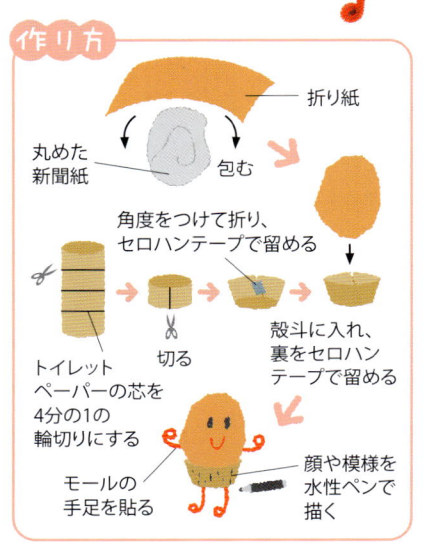

- 丸めた新聞紙
- 折り紙
- 包む
- トイレットペーパーの芯を4分の1の輪切りにする
- 切る
- 角度をつけて折り、セロハンテープで留める
- 殻斗に入れ、裏をセロハンテープで留める
- モールの手足を貼る
- 顔や模様を水性ペンで描く

4月 5月 6月 7月 8月 9月 **10月** 11月 12月 1月 2月 3月

アルミホイルで
焼きたてのさんま、早く食べた〜い

型紙 P94

香ばしい匂いがぷ〜ん。
どれもおいしそうに焼けているね。

案・製作●あかまあきこ

材料
色画用紙、
アルミホイル、
新聞紙

子どもの作品

さんまは、丸めた新聞紙をアルミホイルで包んで。茶色のクレヨンで焦げ目をしっかりつけると、おいしそうにできます。

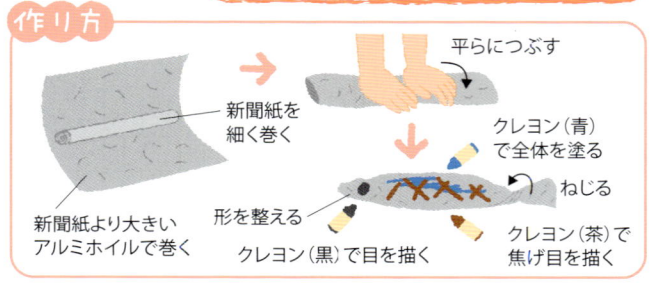

作り方

- 新聞紙を細く巻く
- 新聞紙より大きいアルミホイルで巻く
- 平らにつぶす
- クレヨン（青）で全体を塗る
- ねじる
- 形を整える
- クレヨン（黒）で目を描く
- クレヨン（茶）で焦げ目を描く

48

どんぐりや小枝や木の葉で
自然物でいろいろな顔を作ったよ

お散歩や遠足に行ったらどんぐりや小枝、葉っぱを拾ってみましょう。
紙皿の上に貼れば、個性あふれる楽しい顔に！

案・製作●ピンクパールプランニング

材料

色画用紙、紙皿、木の葉、どんぐり、小枝、画用紙、毛糸

子どもの作品

自然物のほかにも、毛糸や色画用紙を足して自由に作ります。材料の特徴をいかして、好きな動物やキャラクターなど、いくつも挑戦してみましょう。

10月

11月 November

紙コップで
フワフワみのむし

カラフルなみのむしたちが仲よくユラユラ。
色とりどりの洋服を着て、みんな気持ちよさそうです。

案・製作●あかまあきこ

材料

紙コップ、お花紙、新聞紙、折り紙、
モール、片段ボール（表面を1枚はがす）

子どもの作品

紙コップの周りにのりを付けて、ちぎったお花紙の上をコロコロ転がします。

作り方

- ちぎったお花紙
- 紙コップの周りにのりを塗る
- 転がす
- 丸めた新聞紙を折り紙で包む
- クレヨンで描く
- モールを曲げて、紙コップの内側に貼る

うわ〜！どんどん引っ付く〜！

折り紙で包んで…

51

色画用紙や毛糸で
紅葉を見に行こう

鮮やかに色づいた木々に、
動物たちも大はしゃぎです。
案・製作●まーぶる

材料
カラー工作用紙、毛糸、色画用紙、画用紙、
丸シール、発泡スチロール板（台紙用）

型紙 P94

子どもの作品
木を好きな形に切り、切り込みを入れて毛糸を引っ掛けます。毛糸は数色使いましょう。

てぶくろやさん

色画用紙や毛糸で
てぶくろやさんへいらっしゃい

カラフルで個性的な手袋がずらり！
しましま模様、ぐるぐる模様など、
どれもおしゃれで、迷ってしまいそうです。

案・製作●尾田芳子

型紙 P95

材料
色画用紙、毛糸、スズランテープ、片段ボール、画用紙、
発泡スチロール板（台紙用）

子どもの作品

自分の手形を2つとる → はさみで切り取り、1枚は裏返す

色画用紙

木工用接着剤を塗っておく

毛糸をくしゃくしゃにしたり切ったりして貼る

毛糸を裏から貼ってつなげる

色画用紙や落ち葉で
落ち葉のスタンプで展覧会

落ち葉でスタンピングを楽しんだら、
形を生き物などに見立ててみましょう。
赤色と黄色の色画用紙で製作して、
市松模様に飾ったら、展覧会みたいです。

案・製作●礒みゆき

材料
落ち葉、色画用紙

子どもの作品

落ち葉に絵の具を付けて
スタンピングをし、乾いた
らクレヨンなどで描き足し
て好きな物に見立てます。
絵の具はごく少量の水で
溶きましょう。落ち葉の表
側よりも裏側に絵の具を
付けた方が、葉脈の形が
はっきり出せます。

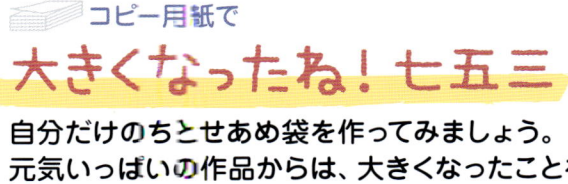

コピー用紙で

大きくなったね！七五三

自分だけのちとせあめ袋を作ってみましょう。
元気いっぱいの作品からは、大きくなったことを喜び、
誇らしく思う子どもたちの気持ちが伝わってきます。

案・製作●あかまあきこ

型紙 P95

材料
コピー用紙、折り紙、お花紙、ひも、千代紙

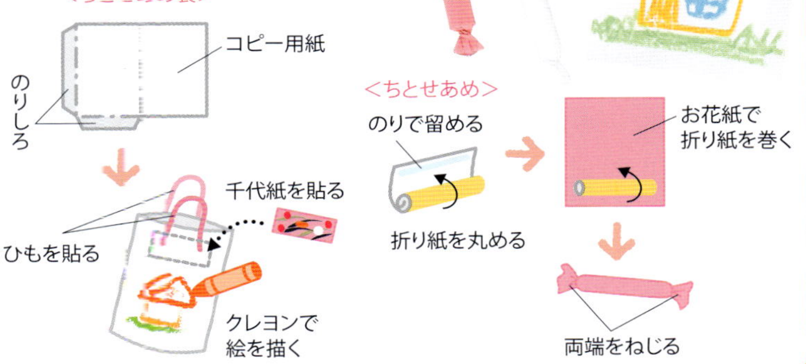

子どもの作品 作り方

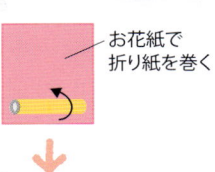

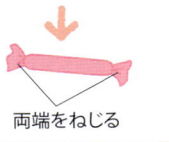

＜ちとせあめ袋＞
- コピー用紙
- のりしろ
- ひもを貼る
- 千代紙を貼る
- クレヨンで絵を描く

＜ちとせあめ＞
- 折り紙を丸める
- のりで留める
- お花紙で折り紙を巻く
- 両端をねじる

4月 5月 6月 7月 8月 9月 10月 **11月** 12月 1月 2月 3月

12月 December

色画用紙や画用紙で
手形スタンプで作るツリー

みんなの手形スタンプがツリーに。
キラキラのオーナメントで華やかに飾りましょう。

案・製作●礒みゆき

型紙 P96

材料
色画用紙、画用紙、折り紙、キラキラした折り紙、模造紙、アルミホイル、ビーズ

子どもの作品

子どもたちの手形をツリー型に押します。細かい所は指スタンプで整えてもいいでしょう。画用紙に描いたオーナメントやビーズ、折り紙などで飾ります。

作り方

- 薄いスポンジ
- トレーに水で溶いた絵の具を入れる
- 手のひらでスタンプ
- 細かい所は指スタンプで
- 青色の模造紙

ぼくの手がスタンプになってる♪

色画用紙や折り紙で
ぼく・わたしのケーキ

**折り紙でペタペタトッピング。
みんなおいしそうにできました！**

案・製作●まーぶる

材料
色画用紙、折り紙、キラキラした折り紙、キラキラしたひも、キラキラしたテープ

子どもの作品
折り紙を小さく切ったり丸めたりしてトッピングに。お皿は、水性ペンで自由に模様を描きます。

型紙 P96

🍬 あめ・ラムネの包み紙で
カラフル メリークリスマス

型紙 P97

ツリーや家をステンドグラスふうに仕上げます。
窓などに貼って、光に透かして飾りましょう。

案・製作●あかまあきこ

材料
色画用紙、あめやラムネの包み紙（セロハン素材）

子どもの作品 作り方

- 色画用紙
- 好きな角度に折る
- 切り取る
- 切り取る
- （裏）セロハンテープで貼る
- ラムネやあめの包み紙（セロハン素材）

色画用紙や折り紙で
サンタさんからのプレゼント

プレゼントを開けると、中にはみんなの欲しい物が！

案・製作●ピンクパールプランニング

型紙 P97

材料
画用紙、色画用紙、折り紙、段ボール板（台紙用）

子どもの作品
プレゼントは、二つ折りにした色画用紙に、折り紙などを切り貼りして飾り付け。中には画用紙を貼り、クレヨンで絵を描きます。

開くと…

毛糸で
作ろう！あったか手袋

もこもこした暖かそうな手袋がいっぱいです。
案・製作●町田里美

型紙 P97

材料

色画用紙、画用紙、カラー工作用紙、毛糸、綿、段ボール板、発泡スチロール板（台紙用）

子どもの作品

手袋の形に切ったカラー工作用紙にのりを塗り、細かく切った毛糸をパラパラと載せます。手首の部分には、毛糸を巻きつけましょう。

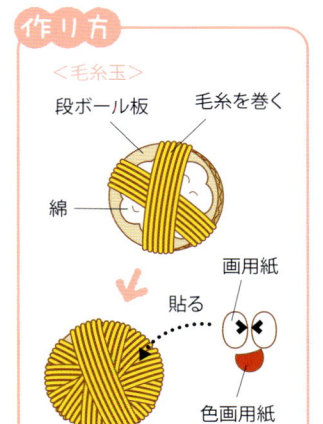

作り方

＜毛糸玉＞

段ボール板　毛糸を巻く
綿
↓
貼る
画用紙
色画用紙

1月 January

華やか扇でお正月
色画用紙で

型紙 P98

カラフルな扇が勢ぞろい！
華やかな雰囲気がお正月の製作にぴったりです！

案・製作●さとうゆか

材料
色画用紙、画用紙、リボン、
発泡スチロール板（台紙用）

子どもの作品

色画用紙に、金色の絵の具で模様を描きます。乾いたらじゃばら折りにして、ホッチキスで留め、最後にリボンを結びます。

1回折ったらひっくり返して…

4月
5月
6月
7月
8月
9月
10月
11月
12月
1月
2月
3月

63

紙皿で 飾れるカラフルこま

切ったり貼ったり、自由な柄にして作ったこまは、壁に飾っても楽しめます。

案・製作●礒みゆき

材料
紙皿、ストロー、毛糸、モール、折り紙、カラーセロハン、ビーズ、キラキラした紙、色画用紙

ポイント！
伸縮するストローの太い部分を壁に、細い部分をこまの軸にして、差し込めるようにします。

子どもの作品
白い毛糸に絵の具を塗れば、カラフルな毛糸に。さまざまな素材を用意して、自由に造形が楽しめるようにしましょう。

色画用紙で
空高くあがれ！

子どもたちが作ったユニークなたこが、
大空に舞い上がりました。
風に乗って気持ちよさそうですね。

案・製作●礒みゆき

材料
色画用紙、折り紙、包装紙、毛糸、モール、段ボール（台紙用）

ポイント！
包装紙を折り重ねて、風の流れを表現します。

画用紙で
かるたで遊ぼう

子どもたちが描いた元気いっぱいの絵をかるたにしました。

案・製作●さとうゆか

材料
色画用紙、画用紙、発泡スチロール板（台紙用）

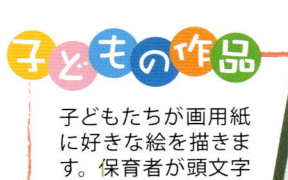

子どもの作品

子どもたちが画用紙に好きな絵を描きます。保育者が頭文字を書いた紙を貼り、縁取りをつけて、絵札にします。

型紙 P99

色画用紙で
楽しいそり遊び

型紙 P99

子どもたちはそり遊びがだ～い好き♪
どの子も満面の笑顔で楽しんでいます。

案・製作●まーぶる

材料
色画用紙、画用紙、キラキラした折り紙、丸シール、段ボール板（台紙用）

子どもの作品

あらかじめ体、手、帽子などのパーツを用意しておきます。子どもたちは顔や模様を描き、各パーツを貼り合わせていきます。

そりの模様はグループごとに描きましょう。

2月 February

68

軽量紙粘土で
う〜ん いいにおい！ クッキー焼けたかな

型紙 P98

さあ、みんなで楽しいクッキー作り！
型抜きしたら、カラフルにデコレーションをします。

案・製作●まーぶる

材料
軽量紙粘土、色画用紙、画用紙、ストロー、プラスチックビーズ

子どもの作品
型抜きをした軽量紙粘土に、ビーズやストローで飾り付け。かわいらしいクッキーができます。

ハートの形にしようっと

ビーズを付けて…

できた！

本物みたい！

画用紙で
おにのパンツはとってもカラフル！

型紙 P100

おにの親子が仲よくお洗濯。ずらりと並んだパンツは、どれもカラフルでおしゃれです。

案・製作●まーぶる

材料
色画用紙、画用紙、麻ひも、木製クリップ、キラキラした折り紙、発泡スチロール板（台紙用）

子どもの作品
あらかじめパンツの形に切っておいた画用紙に、クレヨンと絵の具のはじき絵で模様を描きます。

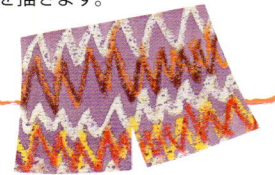

作り方
画用紙

クレヨンで模様を描く

↓

水彩絵の具で塗る

発泡トレーで 雪だるまコレクション

おしゃれな雪だるまがずらり!

案・製作●山下きみよ

材料
発泡トレー(縁を切り取って板状にしておく)、色画用紙、モール、折り紙、キラキラしたテープ、紙テープ

子どもの作品
発泡トレーをはさみで丸く切り、組み合わせて雪だるまに。モールや色画用紙で装飾したり、耳を付けて動物形にしたりしても楽しいですね。

※接着にはセロハンテープを使いましょう。

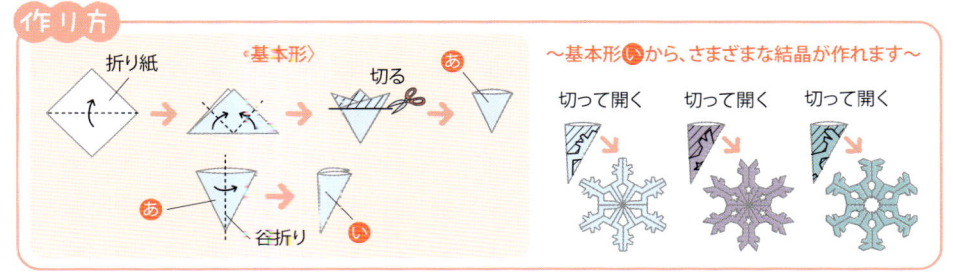

作り方

〈基本形〉

折り紙 → 切る → あ

あ → 谷折り → い

~基本形いから、さまざまな結晶が作れます~

切って開く / 切って開く / 切って開く

折り紙で
おにが島のわんぱく仲間

おにが島に住んでいるおにさんたちは、みんな元気いっぱい！ カラフルなおにさんが大集合です。

飾り案・製作●あかまあきこ　折り紙案・折り図●西田良子

材料
折り紙、色画用紙、画用紙

型紙 P100
折り方はP101

子どもの作品

1本角のおに

2本角のおに

折り紙を作ったあとに飾る壁面アイデアです。

色画用紙で
みんなで咲かそう、梅の花

子どもたちが満開にした梅の木に、うぐいすがやって来たよ。

案・製作●俵 裕子

材料
色画用紙、画用紙、クラフト紙、油粘土

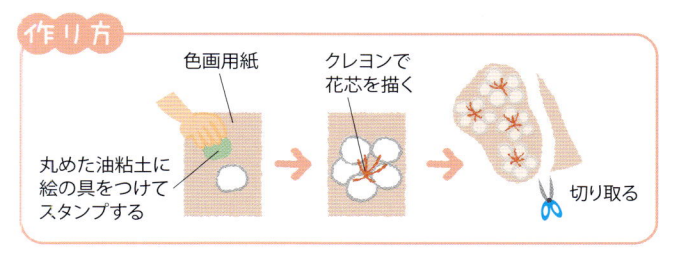

型紙 P100

子どもの作品
色画用紙にペタペタとスタンプをして、梅の花に。切り抜いて、木の枝に貼ります。

作り方
丸めた油粘土に絵の具をつけてスタンプする → 色画用紙 クレヨンで花芯を描く → 切り取る

2月

3月 March

トイレットペーパーのしんで
みんなで楽しいひな祭り

子どもたちの個性あふれるおひなさまが、
金びょうぶの前に集合です！

案・製作●礒みゆき

のりってぷにぷにしておもしろいね

ふふふ

どんな柄にしようかな

かわいい着物にしちゃおう♪

材料

色画用紙、画用紙、折り紙、
トイレットペーパーなどのしん、
カラー工作用紙

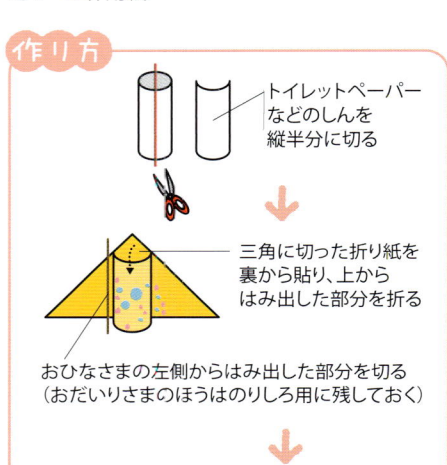

作り方

- トイレットペーパーなどのしんを縦半分に切る
- 三角に切った折り紙を裏から貼り、上からはみ出した部分を折る
- おひなさまの左側からはみ出した部分を切る（おだいりさまのほうはのりしろ用に残しておく）
- 画用紙にクレヨンで顔を描き、体の裏側から貼る
- 絵の具やペンで自由に描く

75

トイレットペーパーのしんで
さあ、輝く未来へGO！

かっこいいロケットに乗って、未来へ飛び立ちます。
「みんなが大きくなったら、簡単に宇宙へ行けるかもね」と、夢が膨らみます。

案・製作●礒みゆき

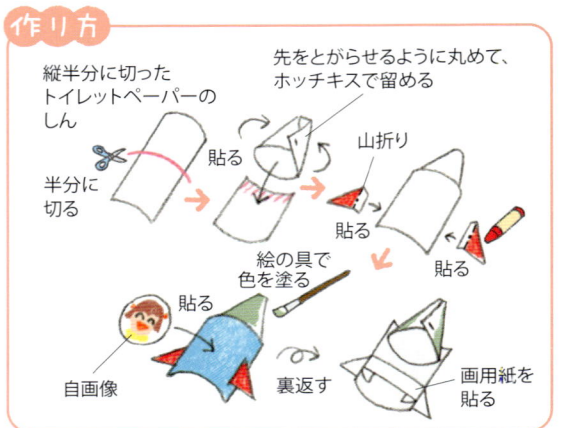

材料
トイレットペーパーのしん、画用紙、アルミホイル

子どもの作品
トイレットペーパーのしんを使ってロケットを作り、子どもたちの描いた自画像を貼ります。裏側に紙を貼っておくと、壁面に貼りやすくなります。

作り方
縦半分に切ったトイレットペーパーのしん → 半分に切る → 貼る → 先をとがらせるように丸めて、ホッチキスで留める → 山折り → 貼る → 絵の具で色を塗る → 貼る（自画像）→ 裏返す → 画用紙を貼る

ぼく・わたしのゆめ

- せんせいになりたいの　まい
- だいくさんになるぞ　たくみ
- かしゅになるの　きょうこ
- おもちゃやさんになる　りょうた
- おはなやさんがいいな　まりな
- コックさんになるぞ　こうすけ
- しゃしょうさんになりたいんだ　かいと
- びょうしさんになる　みお
- やきゅうせんしゅになりたい　りゅうへい
- パンやさんになりたいの　りかこ
- たんけんかになるんだ　ちはる
- サッカーのせんしゅになるんだ　いっぺい

色画用紙で
夢いっぱいのお花畑

「大きくなったら、なにになりたい？」。
広〜いお花畑にみんなの夢が咲きました。

案・製作●くまがいゆか

材料
色画用紙、画用紙

型紙 P102

ピアノのせんせいになりたい

ちか

ペットショップのてんいんさんになる

れいな

おはなやさんがいいな

まりな

子どもの作品

保育者が花の形に切った台紙に、子どもたちは、将来の自分の姿を描いて貼ります。保育者は子どもたちの夢を吹き出しに書いてあげましょう。

3月

窓付きの封筒で
ぼく、わたしのトラック

型紙 P103

好きな荷物を載せて、みんなのトラックが走ります。

案・製作●くまがいゆか

材料
窓付きの封筒、色画用紙、画用紙

子どもの作品

自画像を封筒に入れ、窓から見えるようにします。荷台には好きな絵を描きましょう。

作り方

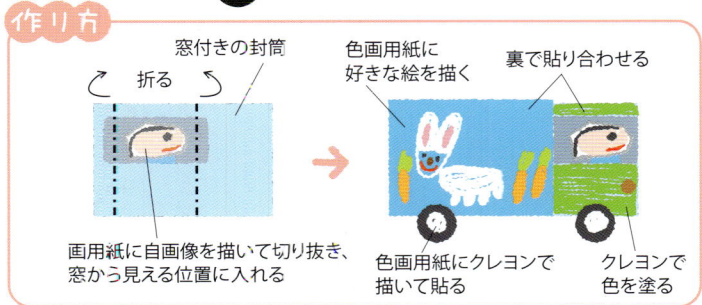

窓付きの封筒 → 折る

画用紙に自画像を描いて切り抜き、窓から見える位置に入れる

色画用紙に好きな絵を描く
裏で貼り合わせる
色画用紙にクレヨンで描いて貼る
クレヨンで色を塗る

78

折り紙で
みんなの花が咲いたよ

型紙 P102

折り紙をちぎって、春らしい花を子どもたちと作りましょう。グループごとに花壇にさして、すてきな立体の壁面に。

案・製作●ピンクパールプランニング

材料
折り紙、片段ボール、色画用紙

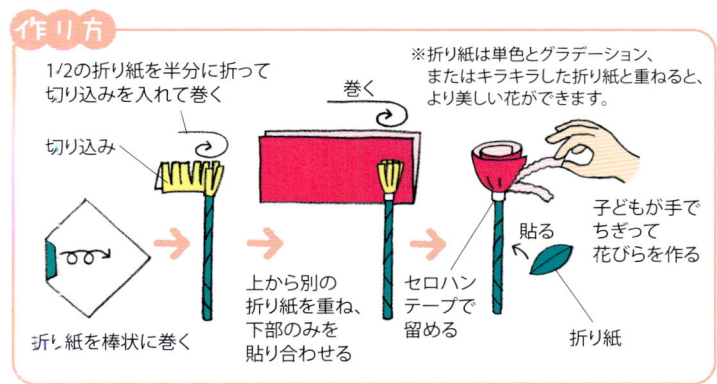

作り方

1/2の折り紙を半分に折って切り込みを入れて巻く
- 切り込み
- 折り紙を棒状に巻く

上から別の折り紙を重ね、下部のみを貼り合わせる
- 巻く

セロハンテープで留める

子どもが手でちぎって花びらを作る
- 貼る
- 折り紙

※折り紙は単色とグラデーション、またはキラキラした折り紙と重ねると、より美しい花ができます。

いつまでもともだち

色画用紙で
みんなの想い出いっぱい！

園舎の窓から、みんなが顔を出しました。
個性豊かな顔がいっぱい！

案・製作●俵 裕子

材料
色画用紙、画用紙、毛糸など（紙版画の原板用）

型紙 P103

子どもの作品

毛糸

ボールペンなどで引っかく

自画像の版画は、細かなパーツの目、口、鼻を順に説明して作っていき、最後に顔を作ると、子どもたちも取り組みやすくなります。

コピー用型紙集

型紙P00 のマークが付いている壁面の型紙コーナーです。
必要な大きさにコピーしてご利用ください。

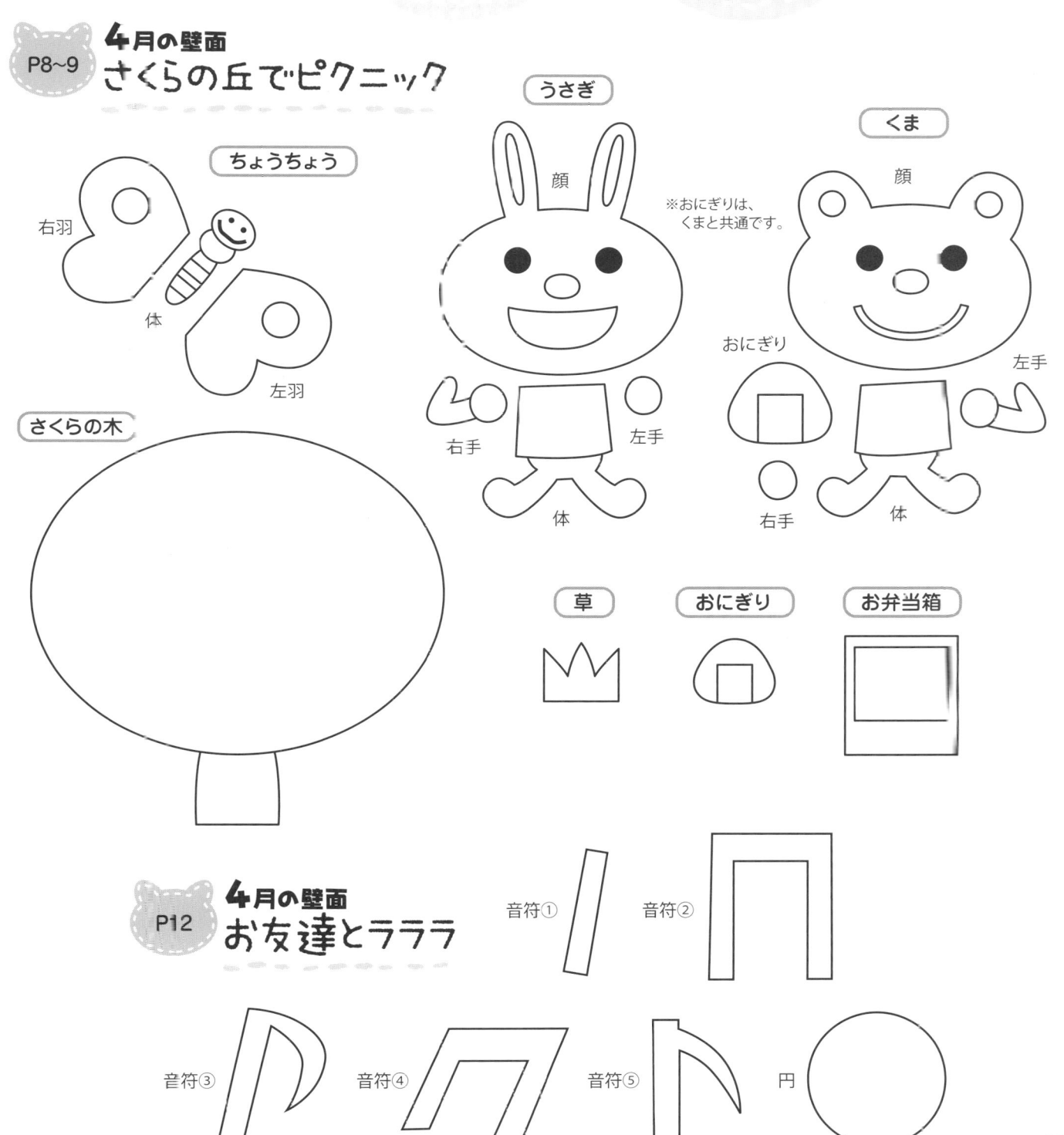

★このメッセージが見えるまで開くと、きれいにコピーすることができます。

P8〜9 4月の壁面 さくらの丘でピクニック

ちょうちょう
- 右羽
- 体
- 左羽

うさぎ
- 顔
- 右手
- 左手
- 体

※おにぎりは、くまと共通です。

くま
- 顔
- おにぎり
- 左手
- 右手
- 体

さくらの木

草　おにぎり　お弁当箱

P12 4月の壁面 お友達とラララ

音符①　音符②　音符③　音符④　音符⑤　円

4月の壁面 ちょうちょうがやって来た！
P10

- ちょうちょう
- 太陽
- ねずみ① （顔／右手／左手／体／右足／左足）
- ねずみ② （顔／右手／左手／体／右足／左足）

---- 山折り
▨▨▨ 切り取る

- 花
  ※小さい花は、縮小コピーをしてください。
- 雲
- 家

※雲と家は、他のパーツの125%に拡大コピーをしてください。

- とり

4月の壁面 あま〜いペロペロキャンディー
P13

- ねずみ （顔／右手／左手／体／足）
- ペロペロキャンディー①
- ペロペロキャンディー②
- うさぎ （顔／右手／左手／体／足）
- 台車
- 丸
  ※小さい丸は、縮小コピーをしてください。

82

★このメッセージが見えるまで開くと、きれいにコピーすることができます。

4月の壁面 P11
たんぽぽ野原で、すやすや

うさぎ — 顔、右手、左手、体、右足、左足
ねずみ — 右手、左手、体、左足
鳥
りす — 顔、右手、左手、尾、右足、左足
たんぽぽ（子どもの作品） — たんぽぽの台紙
たんぽぽ — 花、茎①、茎②、つぼみ、葉
ちょうちょう①
ちょうちょう②
てんとうむし
花、草、茎、葉

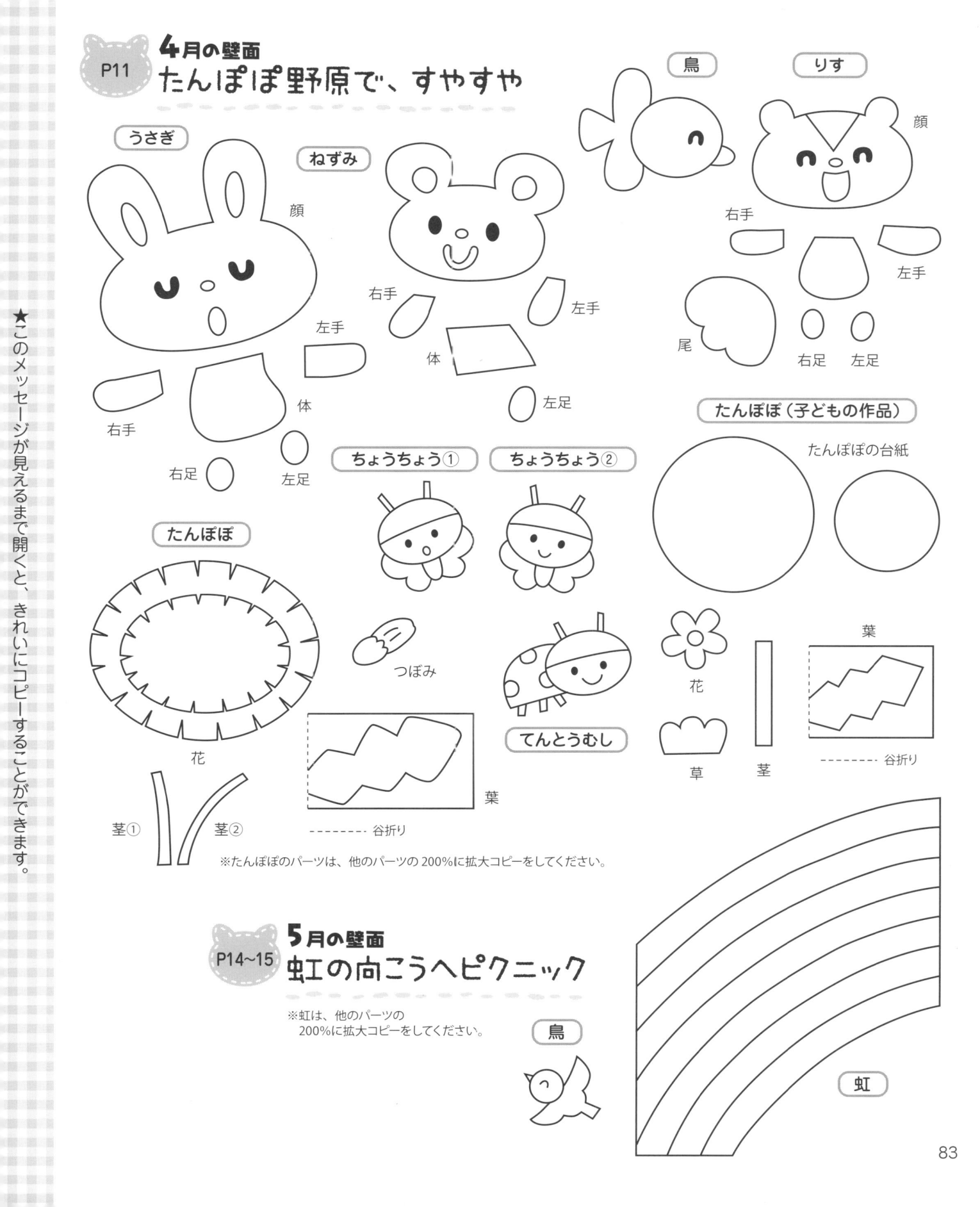

------ 谷折り

※たんぽぽのパーツは、他のパーツの200％に拡大コピーをしてください。

★このメッセージが見えるまで開くと、きれいにコピーすることができます。

5月の壁面 P14〜15
虹の向こうへピクニック

※虹は、他のパーツの200％に拡大コピーをしてください。

鳥
虹

83

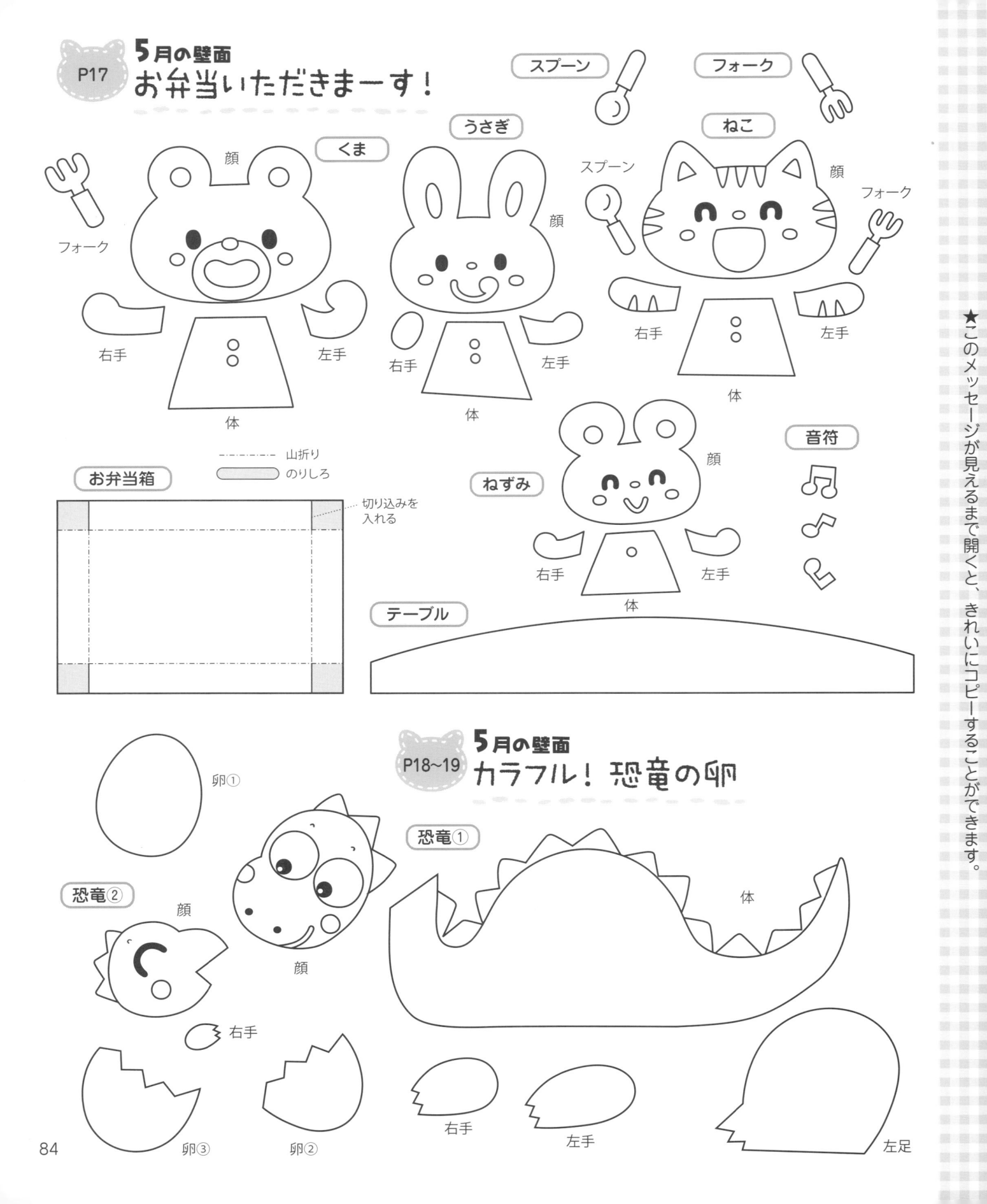

5月の壁面 お弁当いただきまーす！ P17

スプーン　フォーク

くま　うさぎ　ねこ

顔　スプーン　顔　フォーク

フォーク

右手　左手　右手　左手　右手　左手

体　体　体

お弁当箱　── 山折り　▬ のりしろ

切り込みを入れる

ねずみ

顔

音符

右手　左手

体

テーブル

5月の壁面 カラフル！恐竜の卵 P18～19

卵①

恐竜①

恐竜②

顔　体

顔

右手

卵③　卵②　右手　左手　左足

★このメッセージが見えるまで開くと、きれいにコピーすることができます。

5月の壁面 P18〜19
カーネーションのブーケ

- 動線
- ちょうちょう
- カーネーション
- うさぎ（顔／右手／体／左手／尾）
- くま（顔／右手／体／左手／尾）
- りす（顔／左手／体／尾）

6月の壁面 P20〜21
あした天気にな〜れ！

- 雨粒①　雨粒②
- 雲①　雲②　雲③

6月の壁面 P24
かえるの合唱会

- 手①　手②　足①　足②　リボン　雨粒
- かえるの指揮者

※かえるの指揮者は、他のパーツの200%に拡大コピーをしてください。

★このメッセージが見えるまで開くと、きれいにコピーすることができます。

6月の壁面 P22〜23 スイスイ金魚

- 葉①
- 葉②
- 金魚鉢
- 水草
- 光
- 小石

※金魚鉢は、他のパーツの200%に拡大コピーをしてください。

6月の壁面 P22〜23 キラキラかたつむり

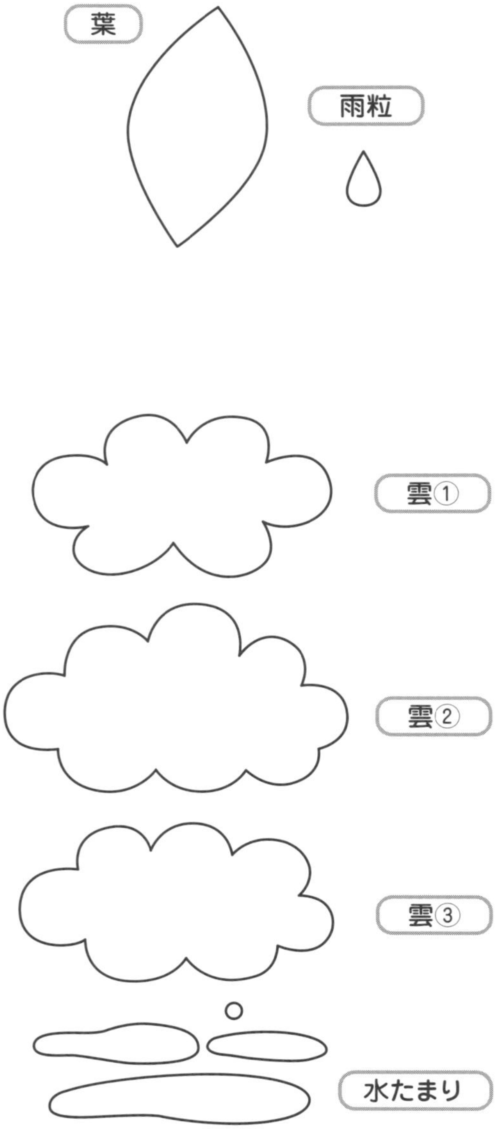

- 葉
- 雨粒
- 雲①
- 雲②
- 雲③
- 水たまり

6月の壁面 P25 お気に入りの傘はどれ？

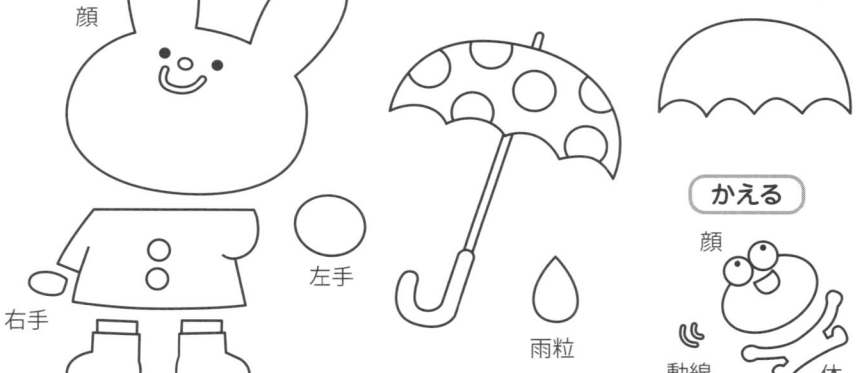

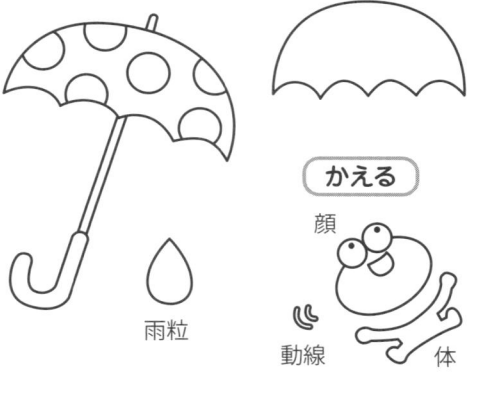

- うさぎ：顔、右手、左手、右足、左足
- うさぎの傘
- 子どもの作品の傘
- 雨粒
- かえる：顔、動線、体

7月の壁面 P26〜27 キラキラゆらりん流れ星

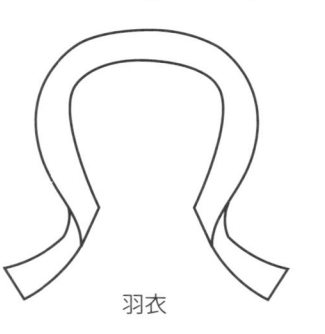

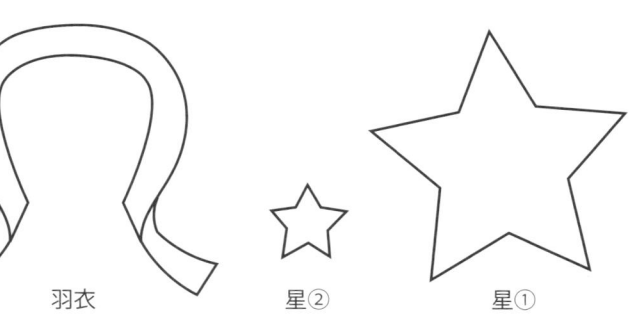

- 彦星：顔、体
- 織姫：顔、体
- 羽衣
- 星②
- 星①

★このメッセージが見えるまで開くと、きれいにコピーすることができます。

7月の壁面 P28 あさがおが咲いたよ！

- 太陽 ※太陽は、他のパーツの200%に拡大コピーをしてください。
- 鳥
- うさぎ
- ねずみ
- 雲①
- 雲②
- 葉
- 草
- 柵

★このメッセージが見えるまで開くと、きれいにコピーすることができます。

7月の壁面 P30~31 アイスクリーム、おいしいよ！

- パラソル
- 雲①
- 看板
- 雲②
- 流氷②
- 流氷①
- コーンの展開図
- ペンギン① 帽子 アイスクリーム 体 右足 左足
- くま 帽子
- 光
- ペンギン② 帽子 スプーン 器 体 右足 左足
- あざらし 帽子 切り込みを入れる

87

7月の壁面 P29
UFOに乗って宇宙をご案内

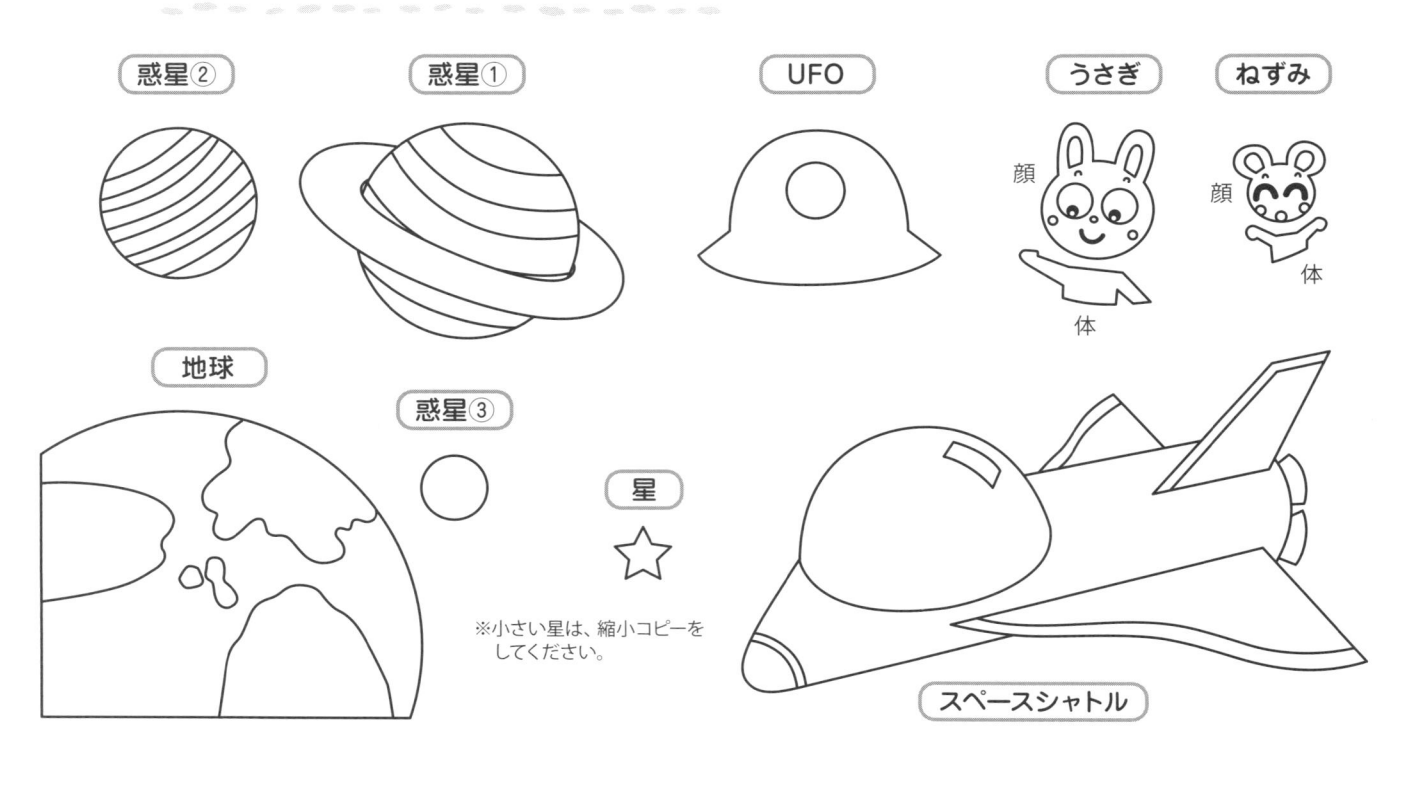

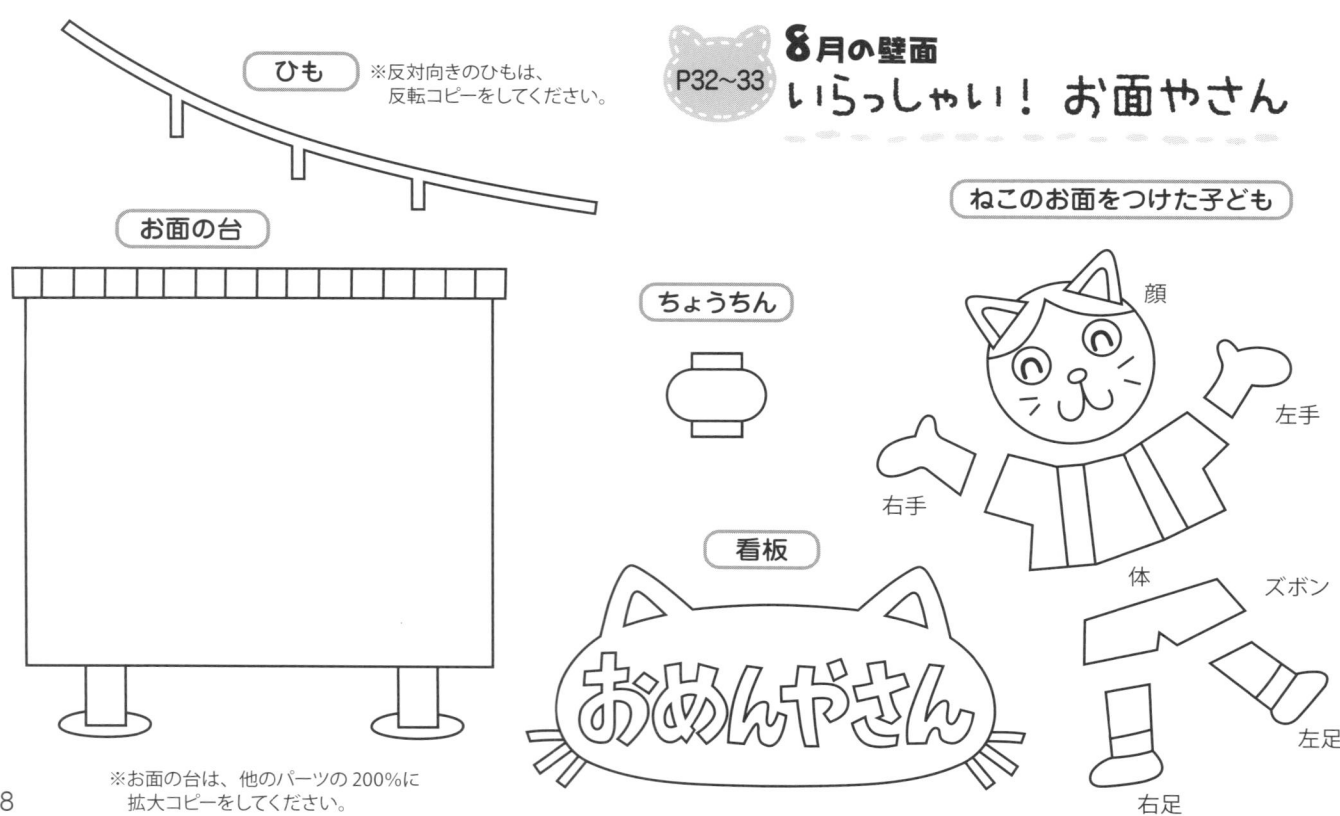

- 惑星②
- 惑星①
- UFO
- うさぎ（顔／体）
- ねずみ（顔／体）
- 地球
- 惑星③
- 星　※小さい星は、縮小コピーをしてください。
- スペースシャトル
- ひも　※反対向きのひもは、反転コピーをしてください。
- お面の台

※お面の台は、他のパーツの200％に拡大コピーをしてください。

8月の壁面 P32〜33
いらっしゃい！ お面やさん

- ちょうちん
- 看板「おめんやさん」
- ねこのお面をつけた子ども（顔／右手／左手／体／ズボン／左足／右足）

★このメッセージが見えるまで開くと、きれいにコピーすることができます。

7月の壁面 P30~31 キラキラ海中散歩

- うさぎ: ゴーグル、顔、尾、体
- きらめき
- 魚①
- くま: 顔、ゴーグル、体
- 魚②
- 魚③
- たこ
- ねこ: 顔、ゴーグル、尾、体
- 海草
  ※反対向きの海草は、反転コピーをしてください。
- まんぼう
- くじら
- 貝
- 潮流
  ※潮流は、ほかのパーツの300%に拡大コピーをしてください。
- ひとで

8月の壁面 P34~35 迫力満点！花火大会

- 木①、木②、木③
- 煙①、煙②、煙③
- 建物①、建物②、建物③、建物④、建物⑤、建物⑥

★このメッセージが見えるまで開くと、きれいにコピーすることができます。

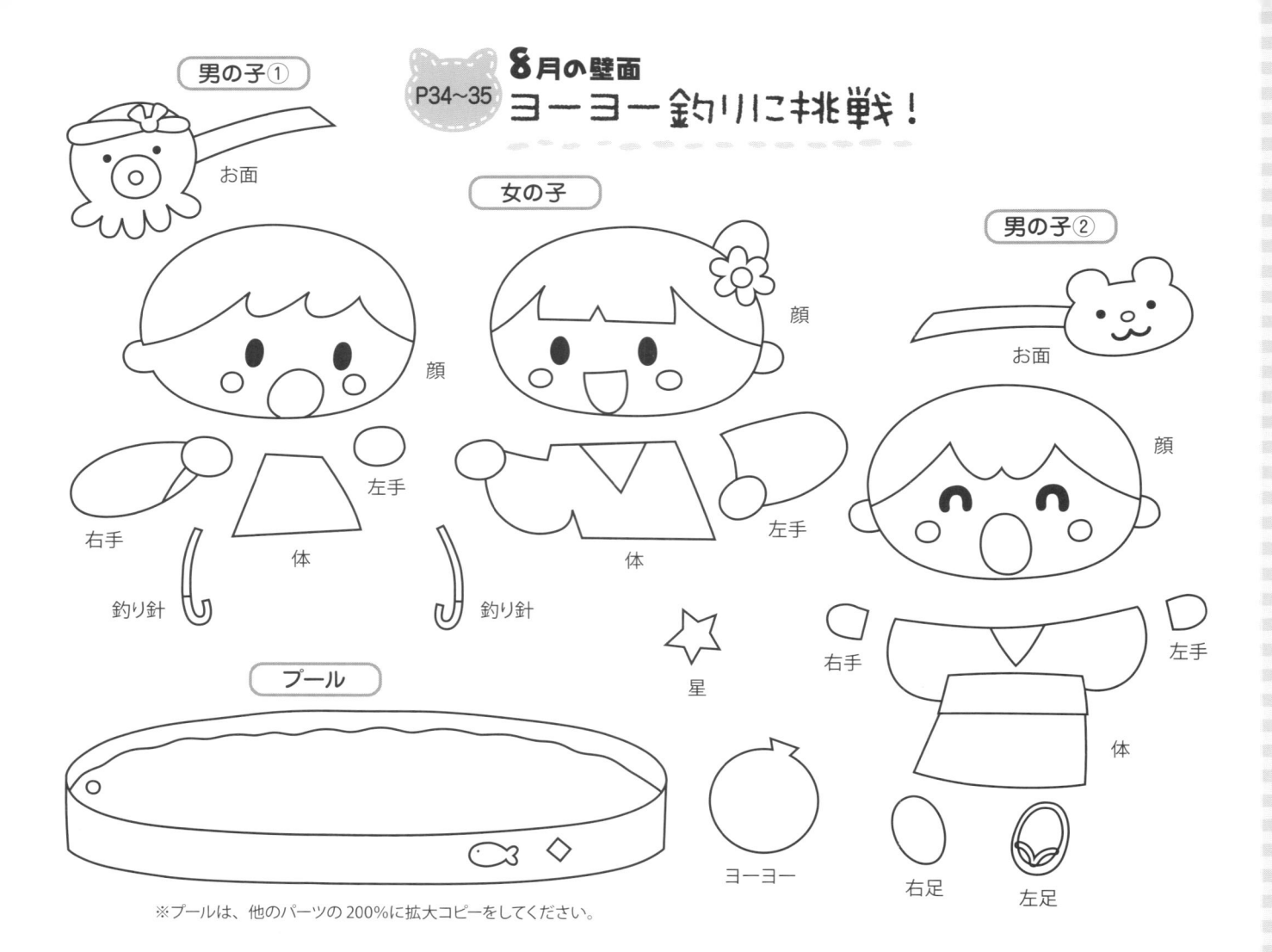

8月の壁面 P34～35 ヨーヨー釣りに挑戦！

- 男の子① — お面、顔、右手、左手、体、釣り針
- 女の子 — 顔、右手、左手、体、釣り針
- 男の子② — お面、顔、右手、左手、体、右足、左足
- プール
- 星
- ヨーヨー

※プールは、他のパーツの200％に拡大コピーをしてください。

8月の壁面 P36 みんなのおばけがヒュ～ドロロ～

- 柳
- 火の玉
- おばけ
- 草
- 墓

※柳は、他のパーツの200％に拡大コピーをしてください。

★このメッセージが見えるまで開くと、きれいにコピーすることができます。

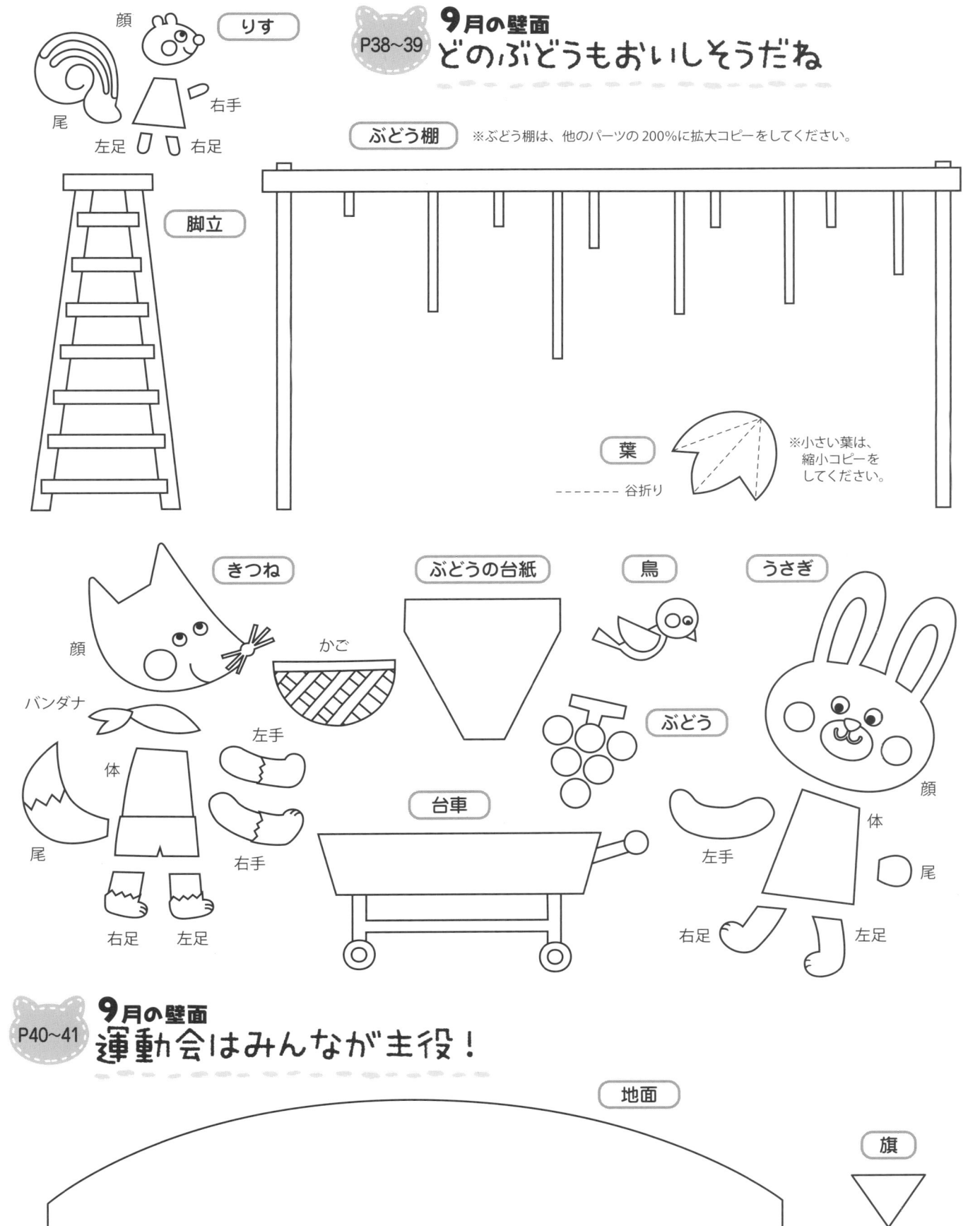

9月の壁面 P38〜39 どのぶどうもおいしそうだね

りす：顔、尾、右手、左足、右足

ぶどう棚 ※ぶどう棚は、他のパーツの200%に拡大コピーをしてください。

脚立

葉　------ 谷折り　※小さい葉は、縮小コピーをしてください。

きつね：顔、バンダナ、体、尾、左手、右手、右足、左足

かご

ぶどうの台紙

鳥

ぶどう

台車

うさぎ：顔、体、尾、左手、右足、左足

★このメッセージが見えるまで開くと、きれいにコピーすることができます。

9月の壁面 P40〜41 運動会はみんなが主役！

地面

旗

9月の壁面 P42 すずむしのコーラス

雲　月　すずむし　顔　体

うさぎ — 顔／すすき／右手／左手／体
※反対向きのすすきは、反転コピーをしてください。

ねずみ — 顔／右手／左手／体／音符①／音符②

草①　草②

9月の壁面 P43 カラフルきのこ

うさぎ — 顔／右手／左手／体／右足／左足

ぶた — 顔／右手／左手／体／右足／左足

くま — 顔／右手／左手／体／右足／左足／尾

かご　丸太　鳥　葉　きのこ　木　丘

※反対向きの鳥は、反転コピーをしてください。
※木と丘は、他のパーツの200％に拡大コピーをしてください。

★このメッセージが見えるまで開くと、きれいにコピーすることができます。

92

10月の壁面 P44〜45 ひらひらカラフル落ち葉

- 動線
- 枝①
- 枝②
- 枝③
- ねずみ：顔、右手、左手、体
- うさぎ：顔、右手、左手、体
- くま：顔、右手、左手、体
- 鳥①：顔、体
- 鳥②：顔、体
- りす①：顔、左手、左足、しっぽ
- りす②：顔、右手、右足、左足、しっぽ
- りす③：体、顔

10月の壁面 P46〜47 みんなみのむし、大集合

- 木
- 葉

※木は、他のパーツの200％に拡大コピーをしてください。

10月の壁面 P46〜47 どんぐりダンシング♪

- 葉①
- 葉②
- 切り株①
- 切り株②

※小さい葉①は、縮小コピーをしてください。

★このメッセージが見えるまで開くと、きれいにコピーすることができます。

10月の壁面 P48～49 焼きたてのさんま、早く食べた～い

ねこ① 顔 / 体
ねこ② 顔 / 体
ねこ③ 顔 / 体

煙①
※小さい煙①は、縮小コピーをしてください。

煙②
※反対向きの煙②は、反転コピーをしてください。
※小さい煙②は、縮小コピーをしてください。

くま　葉／顔／右手／左手／体／リュックサック／右足／左足
※うさぎと共通です。

11月の壁面 P52 紅葉を見に行こう

きつね　葉／顔／右手／体／左手／右足／尾／左足／リュックサック
※さると共通です。

さる　顔／右手／左手／体／右足／左足

うさぎ　顔／右手／左手／体／右足／左足

草

葉

------ 谷折り

★このメッセージが見えるまで開くと、きれいにコピーすることができます。

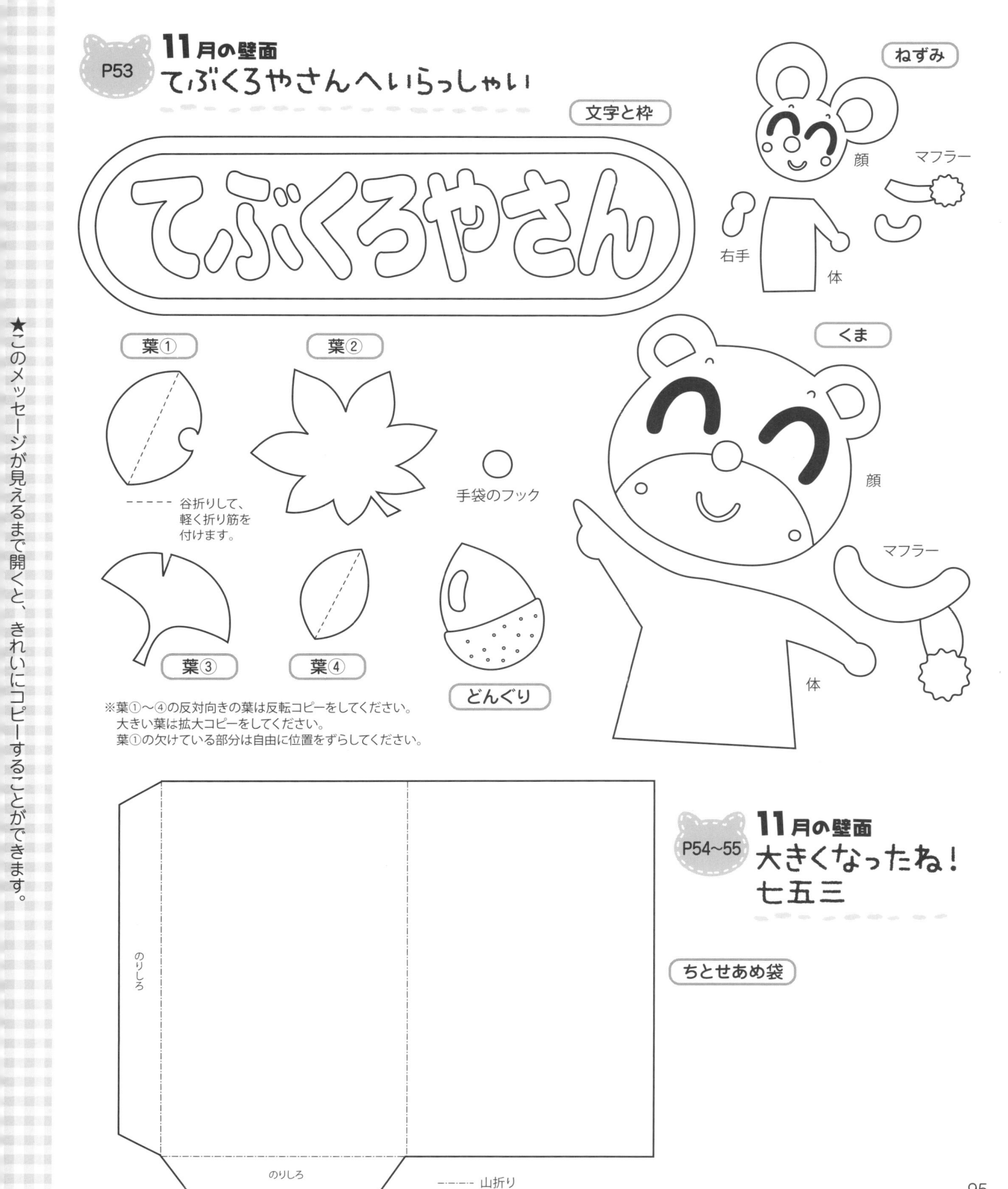

P53 **11月の壁面**
てぶくろやさんへいらっしゃい

文字と枠

てぶくろやさん

ねずみ
顔 / マフラー / 右手 / 体

葉① 葉②
谷折りして、軽く折り筋を付けます。

手袋のフック

くま
顔 / マフラー / 体

葉③ 葉④

どんぐり

※葉①〜④の反対向きの葉は反転コピーをしてください。
大きい葉は拡大コピーをしてください。
葉①の欠けている部分は自由に位置をずらしてください。

★このメッセージが見えるまで開くと、きれいにコピーすることができます。

P54〜55 **11月の壁面**
大きくなったね！
七五三

ちとせあめ袋

のりしろ / のりしろ / 山折り

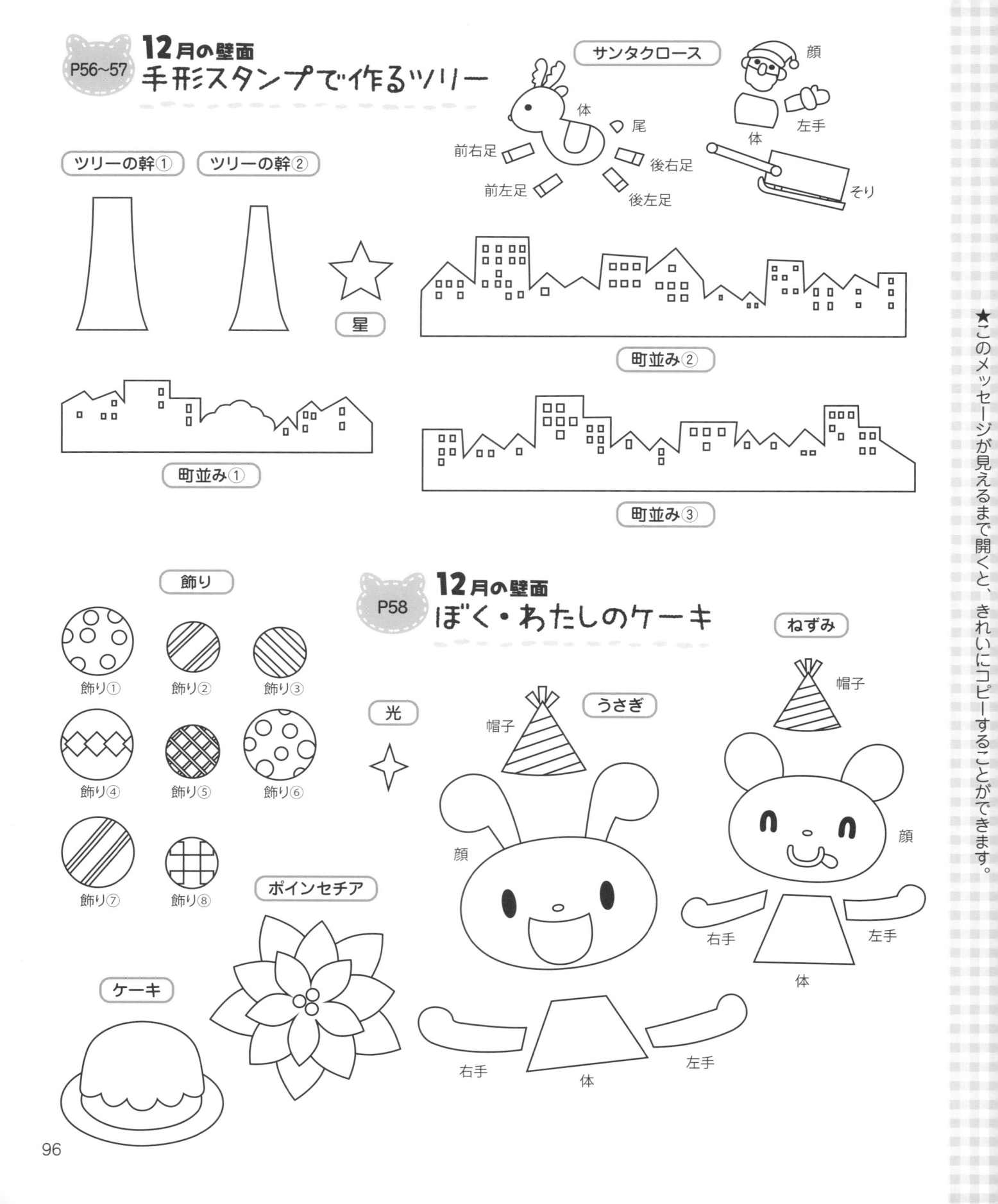

P56~57 12月の壁面 手形スタンプで作るツリー

- ツリーの幹①
- ツリーの幹②
- 星
- サンタクロース：体／尾／前右足／前左足／後右足／後左足／顔／体／左手／そり
- 町並み①
- 町並み②
- 町並み③

飾り
飾り①／飾り②／飾り③／飾り④／飾り⑤／飾り⑥／飾り⑦／飾り⑧

P58 12月の壁面 ぼく・わたしのケーキ

- 光
- ポインセチア
- ケーキ
- うさぎ：帽子／顔／右手／左手／体
- ねずみ：帽子／顔／右手／左手／体

★このメッセージが見えるまで開くと、きれいにコピーすることができます。

12月の壁面 カラフルメリークリスマス
P59

プレゼント / 家 / ツリー / 星 / 靴下

12月の壁面 サンタさんからのプレゼント
P60〜61

星 / リボン / 風船
※星の風船は、ハートを星に変えて作ってください。

サンタクロース：顔／体／右手／左手
トナカイ②：顔
※鈴と体は、トナカイ①と共通です。
トナカイ①：顔／鈴／体
袋

12月の壁面 作ろう！あったか手袋
P60〜61

棒針
※棒針は、他のパーツの200%に拡大コピーをしてください。
子どもの作品の数に合わせて長さを調節してください。

手袋① / 手袋②

毛糸玉：顔／右手／左手／右足／左足
リボン / 動線

表情のバリエーション

★このメッセージが見えるまで開くと、きれいにコピーすることができます。

1月の壁面 華やか扇でお正月
P62~63

くま / うめ / うさぎ
顔 / 右手 / 左手 / 体 / 右足 / 左足

2月の壁面 う～ん いいにおい！ クッキー焼けたかな
P68~69

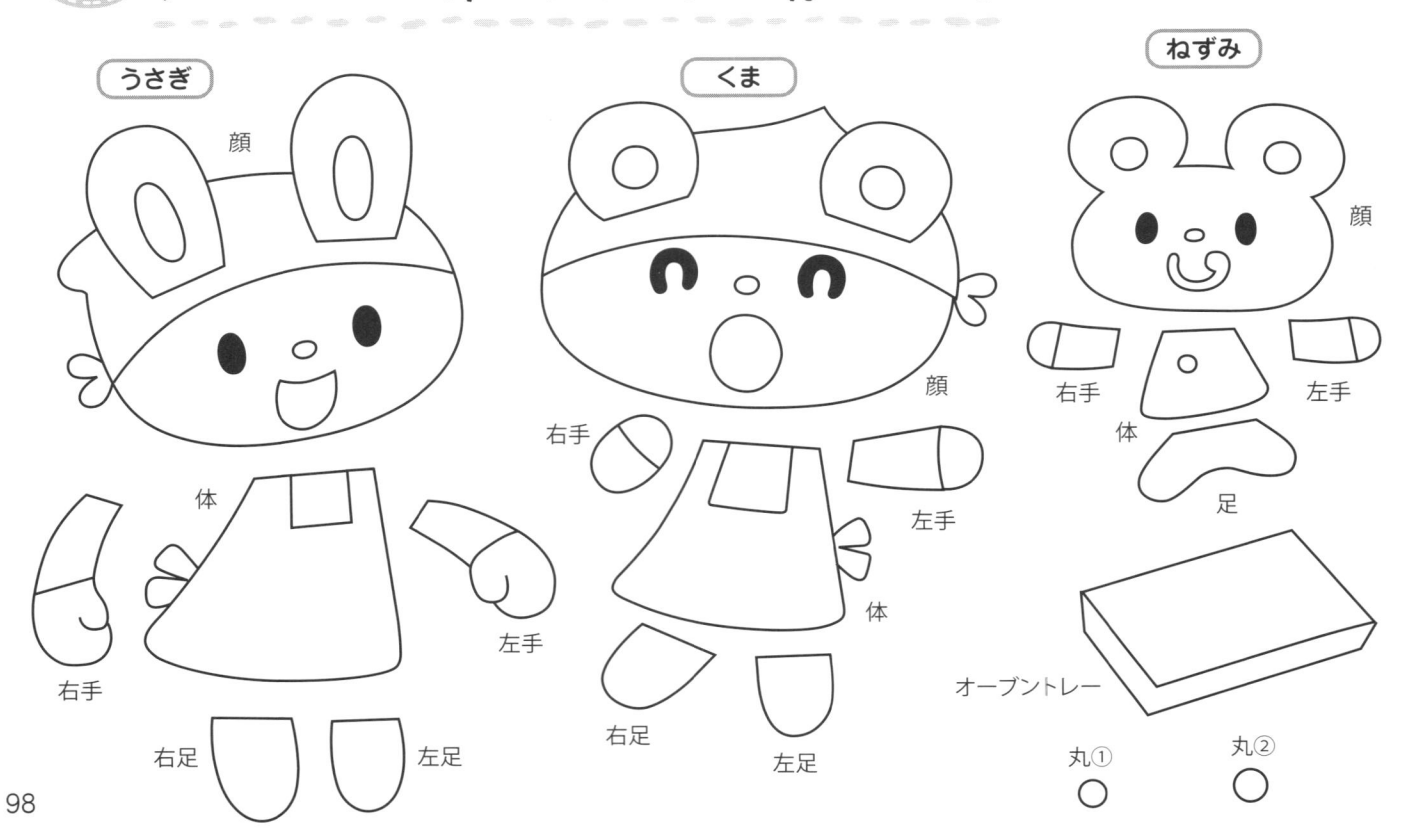

うさぎ / くま / ねずみ
顔 / 体 / 右手 / 左手 / 右足 / 左足 / 足 / オーブントレー / 丸① / 丸②

★このメッセージが見えるまで開くと、きれいにコピーすることができます。

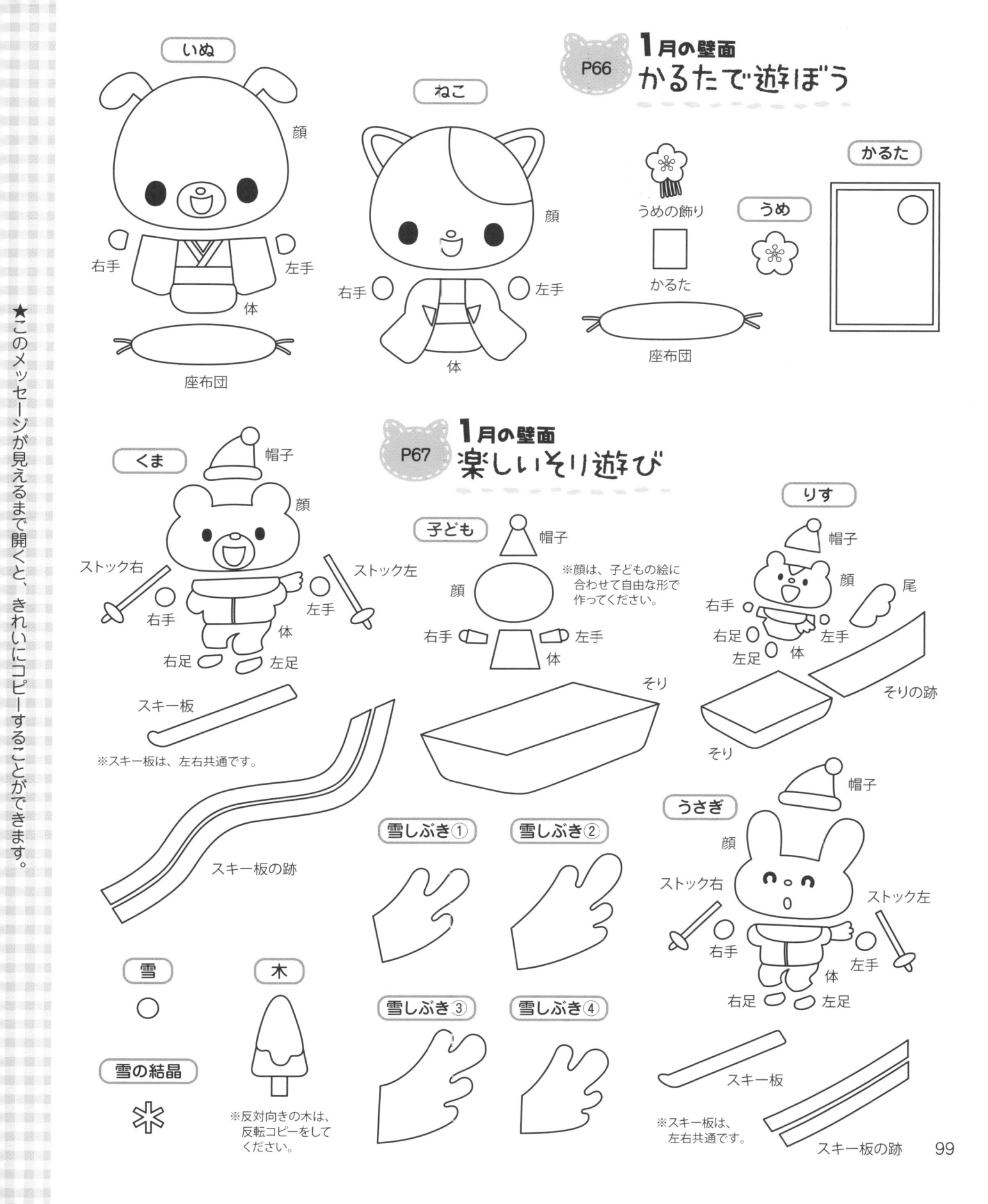

1月の壁面 かるたで遊ぼう P66

いぬ
- 顔
- 右手
- 左手
- 体
- 座布団

ねこ
- 顔
- 右手
- 左手
- 体
- 座布団

- うめの飾り
- かるた
- うめ
- かるた

1月の壁面 楽しいそり遊び P67

くま
- 帽子
- 顔
- ストック右
- ストック左
- 右手
- 左手
- 体
- 右足
- 左足
- スキー板

※スキー板は、左右共通です。

- スキー板の跡

子ども
- 帽子
- 顔
- 右手
- 左手
- 体

※顔は、子どもの絵に合わせて自由な形で作ってください。

- そり

りす
- 帽子
- 顔
- 尾
- 右手
- 左手
- 右足
- 体
- 左足
- そり
- そりの跡

- 雪しぶき①
- 雪しぶき②
- 雪しぶき③
- 雪しぶき④

うさぎ
- 帽子
- 顔
- ストック右
- ストック左
- 右手
- 左手
- 体
- 右足
- 左足
- スキー板

※スキー板は、左右共通です。

- スキー板の跡

- 雪
- 雪の結晶
- 木

※反対向きの木は、反転コピーをしてください。

★このメッセージが見えるまで開くと、きれいにコピーすることができます。

99

2月の壁面 P70~71 おにのパンツはとってもカラフル！

- 動線
- おに① 顔
- 草①
- 草②
- おにのパンツ
- 水滴
- 右手
- 体
- 左手
- かご
- 右足
- 左足
- 鳥①
- 鳥②
- おに③ 顔
- 右手
- 左手
- パンツ①
- パンツ②
- 右足
- 左足
- おに② 顔
- 体
- パンツ
- 右足
- 左足

2月の壁面 P73 みんなで咲かそう、梅の花

- うぐいす①
- うぐいす②

※反対向きのうぐいす②は、反転コピーをしてください。

2月の壁面 P72 おにが島のわんぱく仲間

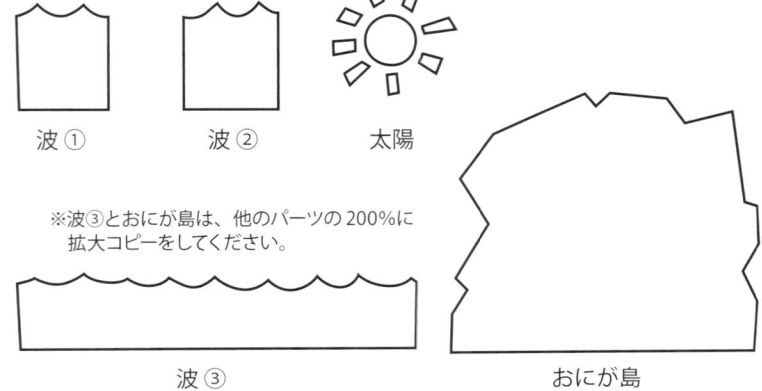

- 波①
- 波②
- 太陽
- 波③
- おにが島

※波③とおにが島は、他のパーツの200％に拡大コピーをしてください。

★このメッセージが見えるまで開くと、きれいにコピーすることができます。

おにの折り方

1本角のおに
大きな1本角がポイント。自由に角の模様や顔を描きましょう。

折り方の約束と記号
- 谷に折る
- 山に折る
- 裏返す
- 折り筋線

1 縦半分に折り筋を付けて戻し、左右を真ん中まで折る

2 上の角を手前に折る

3 角を折り上げる

4 折り筋を付けて戻し、△を指で押さえて、○の角を端までずらす

5 4と同様に、△を指で押さえて、○の角を端までずらす

6 左右の角を真ん中まで折る

7 下から巻くように折る

8 後ろに折る

9 角の模様や顔を描いて、できあがり

2本角のおに
鋭い角がかっこいい、2本角のおに。強そうなあごも特徴です。

1 縦・横半分に折り筋を付けて戻し、左右を真ん中まで折る

2 手前に折る

3 左右の角を真ん中まで折る

4 ○の角を左右に引き出してつぶす

5 左右を折り上げる

6 折り筋を付けて戻し、下を折り上げる（後ろに折る）

7 （あ）（い）の順に折る

8 後ろに折る

9 角の模様や顔を描いて、できあがり

★このメッセージが見えるまで開くと、きれいにコピーすることができます。

101

3月の壁面 P76～77
夢いっぱいのお花畑

茎

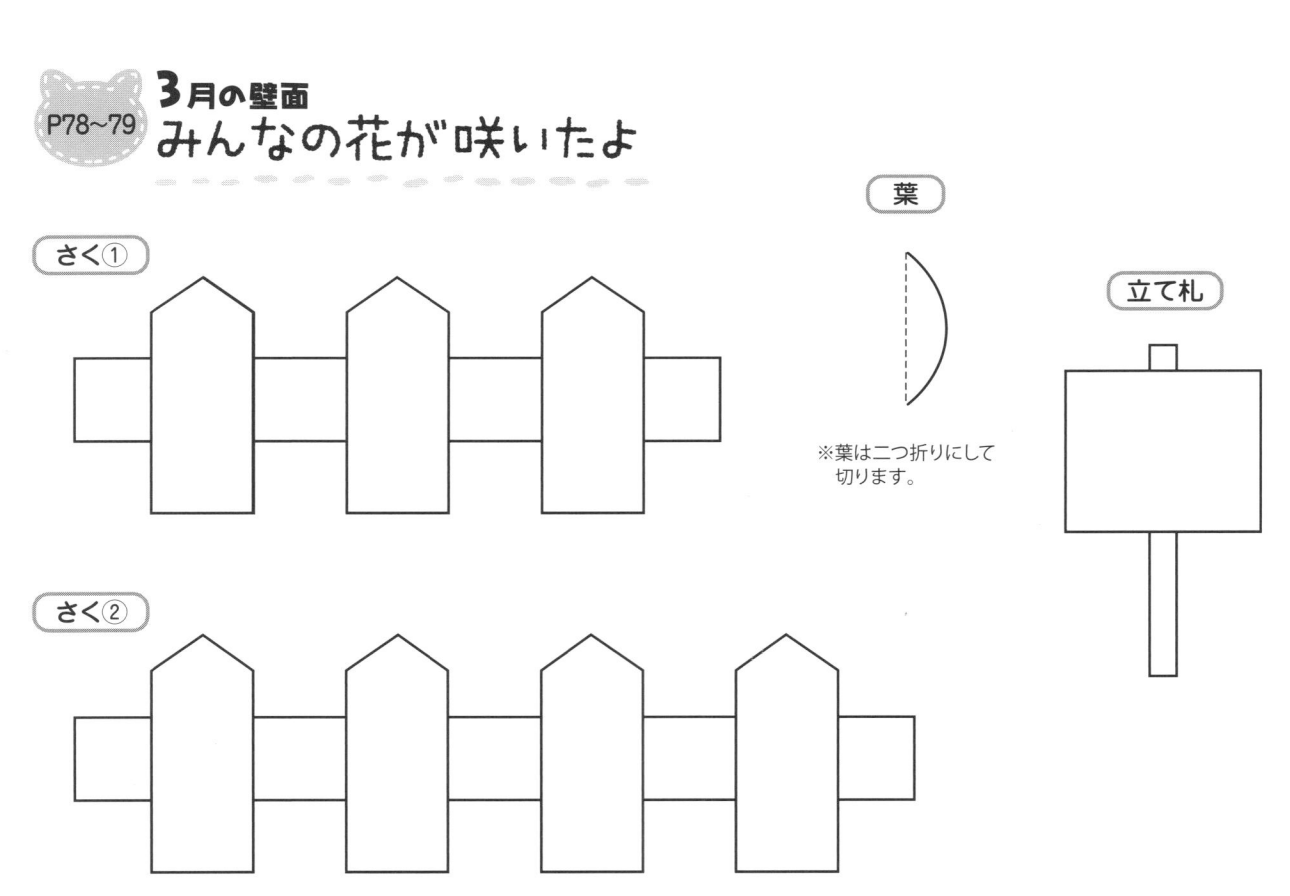

花

葉　------ 谷折り

ぼく・わたしのゆめ

文字

3月の壁面 P78～79
みんなの花が咲いたよ

さく①

さく②

葉

※葉は二つ折りにして切ります。

立て札

★このメッセージが見えるまで開くと、きれいにコピーすることができます。

3月の壁面 P78〜79
ぼく、わたしのトラック

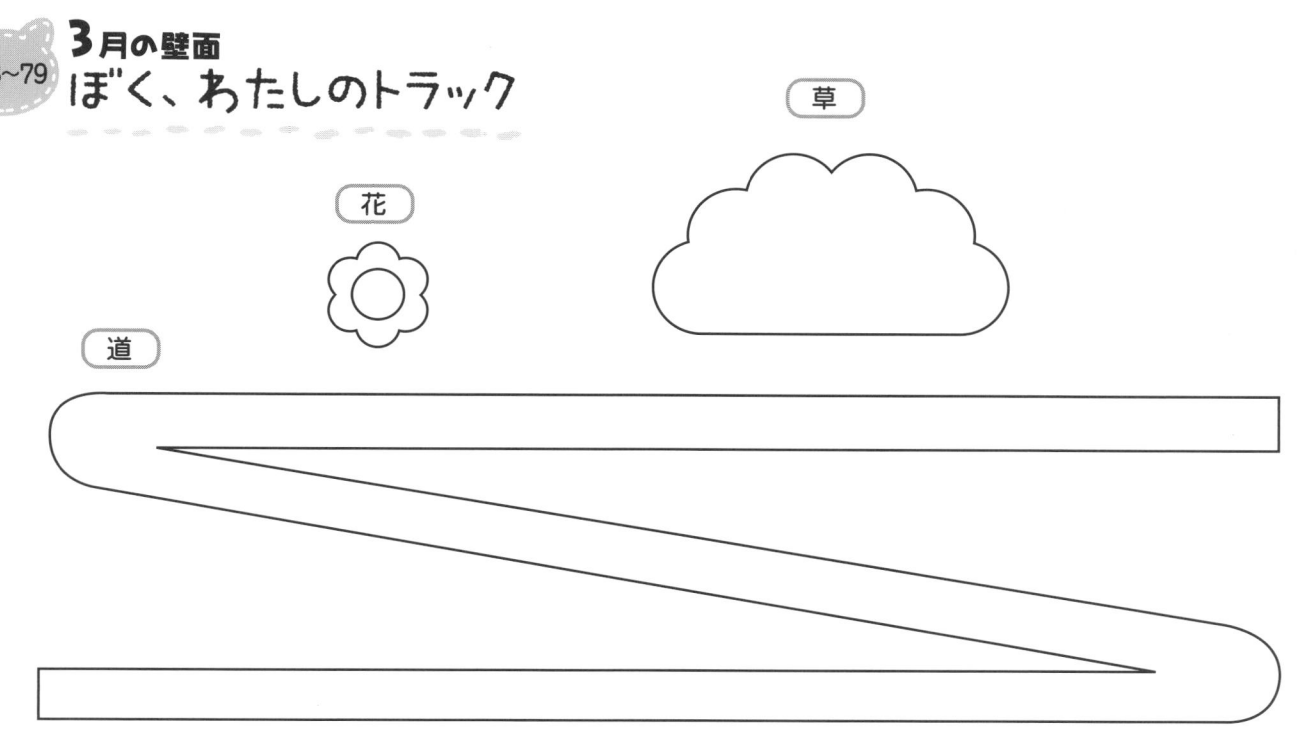

[草]
[花]
[道]

※道は、他のパーツの400％に拡大コピーをしてください。

3月の壁面 P80
みんなの想い出いっぱい！

[家]
[文字]
いつまでも
ともだち
[花]

※家は、ほかのパーツの300％に拡大コピーをしてください。

★このメッセージが見えるまで開くと、きれいにコピーすることができます。

案・製作（50音順に記載）

あかまあきこ、いしかわ☆まりこ、礒みゆき、大石早苗、尾田芳子、くまがいゆか、
さとうゆか、たちのけいこ、俵 裕子、西田良子、ピンクパールプランニング、
まーぶる、町田里美、山下きみよ、ユカリンゴ、よしだみほこ

表紙カバー・本文デザイン◆竹内玲子
型紙トレース◆プレーンワークス
本文イラスト◆天田よう、河合美穂、高山千草、内藤和美
　　　　　　　西田良子、みつき、みやれいこ
撮影◆林 均、正木達郎
モデル◆有限会社クレヨン（小野寺永遠、出田陽菜）
編集協力◆東條美香
編集担当◆石山哲郎

pot ブックス 子どもと作る 壁面アイデア 12か月

2013年2月　初版第1刷発行
2014年2月　　　　第2刷発行

編　者　ポット編集部
発行人　浅香俊二
発行所　株式会社チャイルド本社
　　　　〒112-8512　東京都文京区小石川5-24-21
電話　03-3813-2141（営業）　03-3813-9445（編集）
振替　00100-4-38410
印刷所　共同印刷株式会社
製本所　一色製本株式会社

©CHILD HONSHA CO.,LTD.2013　Printed in Japan
ISBN978-4-8054-0208-5
NDC 376　26×21cm　104P

チャイルド本社ホームページアドレス

http://www.chidbook.co.jp/

チャイルドブックや
保育図書の情報が盛りだくさん。
どうぞご利用ください。

◆乱丁・落丁本はお取り替えいたします。
◆本書の型紙以外のページを無断で複写複製することは、法律で認められた場合を除き、
　著作権者及び出版社の権利の侵害となりますので、その場合は予め小社あて許諾を求めてください。